이 그림 하나의 화론

사유의
경련

이 그림 하나의
화론

사유의 경련

김호석 그리고 엮다

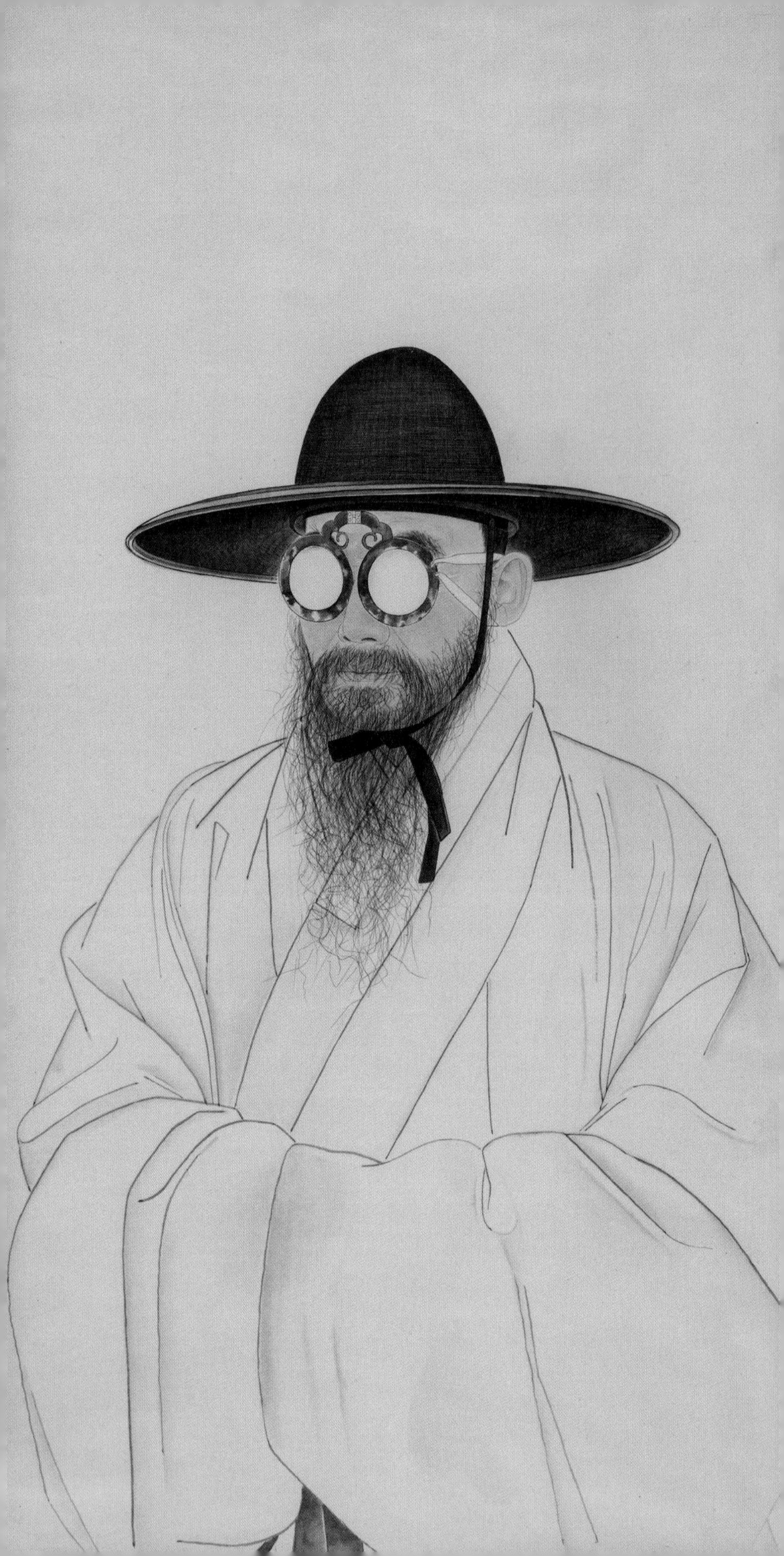

이 그림 하나의
화론

사유의 경련

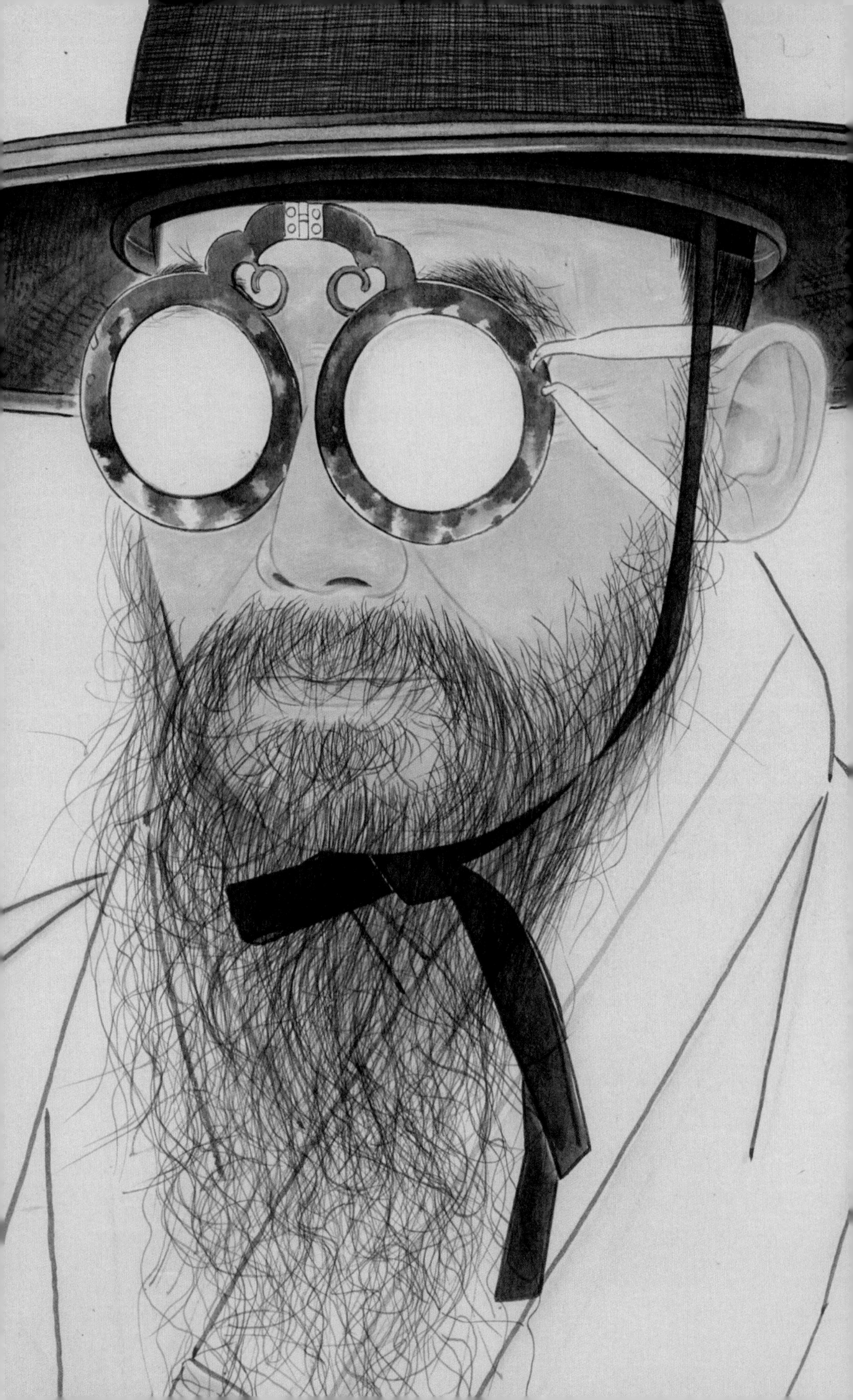

〈우리는 누구인가〉에 부쳐

정근식

서울대 사회학과 교수

김호석이 그린 〈우리는 무엇인가〉 또는 〈우리는 누구인가〉라는 초상화 앞에 서면, 우리는 감동 이전에 무엇인가를 생각하지 않을 수 없는 난처함에 직면하게 된다. 한국의 현대 수묵화를 대표하는 작가가 그렸다는 점에서 쉽게 말할 수는 없지만, 그럼에도 불구하고 이를 감상하는 사람들은 자신들의 마음속에서 몇 가지 의문이 끊임없이 생겨나는 것을 억제할 수 없다.

아마도 다음 세 가지 질문이 그런 의문들의 중심에 자리 잡고 있을 것이다.

첫째, "이것이 완성된 그림인가? 왜 눈이 없지? 이상하네."
둘째, "이것이 완성된 그림이라면 이 사람이 누구지?"
셋째, "왜 이 그림의 제목을 〈우리는 누구인가〉라고 붙였을까?"

이 세 가지 질문은 서로 연결된 것일 수도 있고 하나하나 독립적인 것일 수도 있다.

어차피 이 질문들에 대한 정답은 없으니 생각나는 대로 이야기를 풀어갈 수밖에 없지만, 그가 지난 40년간 그린 인물화나 초상화들의 궤적을 추적해 보면, 논의를 위한 약간의 실마리를 얻을 수 있다.

그의 그림세계를 전반적으로 이해할 수 있는 대표적인 자료집으로 2015년 고려대학교 출판문화원에서 출간한 《김호석 수묵화집》을 들 수 있다. 이를 통해 그의 작품세계의 다양한 장르와 변화를 어느 정도 이해할 수 있다.

그러나 여기에 수록되지 않은 인물화나 초상화들이 매우 많기 때문에, 이 책 외에 지금까지 이루어진 전시 도록들을 참고하면 더 풍부한 해석이 가능해진다. 지금까지의 전시도록을 모두 살펴보더라도 작가의 의도를 완전히 파악할 수는 없다. 작가 또한 그것을 의도하지는 않았을 것이다. 그림에 대한 해석은 어디까지나 감상자의 권한에 속하는 것이므로, 작가의 세계로부터 독립된 감상자의 세계가 존재하며, 양자가 공존하면서 소통할 수 있다면, 성공적인 작품이 된다.

우선 첫째 질문에 대하여 생각해 보자.

이 그림을 보면 제일 먼저 김호석이 1988년에 그린 〈황희 정승〉이 생각난다. 약 30년 전 이 그림이 처음 전시되었을 때에는 별로 주목을 받지 못했다. 그 이유는 바로 〈우리는 누구인가〉라는 그림을 보았을 때 처음 드는 느낌과 비슷한 것이었다. 정상적인 규범에 익숙한 사람들은 이 주인공의 눈이 두 개가 아니고 네 개인데다가 약간 겹쳐진 듯한 느낌을 주고, 한 쌍의 눈들은 불그스레하게 충혈되어 있었기 때문에, '내가 잘못 보았나' 하면서 눈을 비비고 다시 보곤 했다.

그림의 제목을 〈황희 정승〉이라고 붙였는데, 이것도 초상화라고 할 수 있을까? 무언가 이상하지만, 차마 물어볼 수도 없어서 중얼거리면서 지나쳤을 가능성이 크다. 이 그림이 크게 주목된 것은 몇 년 지나서였다. 1993년과 1996년 뉴욕 퀸즈미술관에서 초청 전시회가 열렸는데, 놀랍게도 『뉴욕타임즈』에서 이 그림을 대서특필하였다.[1] 미국의 평론가 Cotter는 이 그림을 우리가 사물을 바라볼 때 항상 두 눈으로만 보는 것이 아니라 좀더 다양한 시선을 가지고 바라본다는 것을 표현한 것으로 해석하면서, 근대주의적 패러다임이 지배하는 한국에서 이런 포스트 모던한 작품이 만들어진다는 것을 놀라워했다. 이런 그림은 미국의 화단에서도 찾아보기 어려웠기 때문에 그들에게 충격이었을 것이다. 그 이후 이 그림은 김호석의 경력에서 매우 중요한 위치를 점하는 작품으로 자리매김되었다.

김호석은 1990년부터 본격적으로 인물화 전시회를 열었다. 〈우리 시대의 초상〉은 이 전시회의 주제이자 전시된 그림들의 대표작이었다. 이 전시회는 당시 한국 농촌 노인들의 모습을 정확하고 절실하게 포착한 작품들로 메워졌다. 필자가 기억하기로는 1990년에 그린 〈고부에서 만난 노인〉과 〈우리 시대의 초상〉은 그를 한국 수묵화의 대표 작가의 반열에 올려놓았다. 〈고부에서 만난 노인〉은

---

1) Holland Cotter, The Brave New Face of Art From The East, 〈THE NEW YORK TIMES〉, 1996. 9. 26; Amel Wallach, Looks into the studios-and the minds-of five Korean artists featured in a Queens-Manhattan show on contemporary Asian Art, 〈NEWSDAY〉, 1996. 10. 6.

동학농민혁명 100주년을 앞두고 이 역사적 사건이 재조명되기 시작했을 때 그린 것으로, 100년 전 황토현에서 싸웠던 농민군의 후예를 상상하도록 했다.[2] 이 그림은 어딘지 모르게 당시의 농민군들보다는 좀더 순박하게 생겼다는 느낌을 주었지만, 〈우리 시대의 초상〉은 훨씬 더 느낌이 강렬했다. 그것은 어쩌면, 우리 주변에서 흔히 만나는 농부들의 모습이지만, 세계화와 농업개방의 물결이 한국 농촌을 휩쓸고 지나가는 상황이 이들의 얼굴 속에 스며있기 때문이었다.

그가 한국의 60~70대의 농부들을 그린 인물화는 〈우리 시대의 초상〉으로부터 시작되어, 〈농부 아저씨 김씨의 한숨〉1991, 〈마지막 농부의 얼굴3〉1991, 〈고향을 지키는 농부〉1992, 〈분노를 삭이며〉1992, 〈야인〉1992, 〈소외된 삶〉1993 등으로 이어지면서 1990년대 초반 약 4년간의 초기 인물화의 시대를 장식했다.

이 작품들의 일부는 풍경화를 배경으로 하는 인물화였고, 일부는 사람들만 그린 인물화였다. 이들은 대부분 강렬한 눈빛과 검게 탄 얼굴, 그리고 거친 수염을 가지고 있는데, 일제강점기를 거쳐 한국전쟁과 1960~70년대의 이른바 '조국 근대화'로 이어지는 풍상의 세월을 겪어왔을 뿐만 아니라, 이웃이나 자식들이 모두 도시로 떠나 휑해진 농촌 마을의 스산한 바람이 눈가에 어른거리는 모습을 잘 보여주고 있다.

2) 동학농민혁명 100주년을 기념하는 그림은 〈고부에서 서울까지〉(1994).

이 시기의 인물화에서 우리의 눈을 잡아끄는 것은 머리칼이나 성긴 수염의 강렬함이다. 한 올 한 올의 수염은 붓질인지 칼질인지를 모를 만큼 예리한 흔적을 남긴다. 이 시기에 그린 그림 중에서 〈야인〉만은 다른 그림들과 다르게, 수염을 먹으로 두껍게 표현했는데, 이 작품은 곧이어 시작되는 역사인물화 또는 초상화의 시대에 그려진 〈도산 안창호〉의 예고편이라고 할 수 있다. 한 마디로 말하면, 이 인물화들은 당시의 시대적 전형성을 창출하는 데 성공했고, 이 때문에 깊은 울림을 주었다.

김호석은 1991년 청명 임창순의 초상을 그렸다. 이 그림은 특정 인물만을 그리는 전통적인 초상화라기보다는 지곡서당을 배경으로 하는 풍경과 함께 청명 선생의 초상화를 담은 것이지만, 1992년에 그린 〈소암 선생님〉은 앞의 그림과는 달리 풍경 배경이 없이, 백발의 머리와 수염으로 인격을 표현하는 본격적인 초상화였다.

이처럼 그의 초상화는 배경을 가진 그림과 배경이 없이 전통적인 기법에 충실한 초상화로 구분된다. 전자의 대표적인 그림이 백범 김구 초상화라면, 후자의 대표적인 그림은 성철 스님의 초상이었다. 때때로 몇 개의 선으로 인물의 특징을 잡아내는 초상화도 그렸는데, 1995년에 그린 시인 김남주 초상은 이에 해당한다.

그는 1994년부터 한국불교의 정신적 지도자였던 성철 스님을 그리면서 인물 초상화를 넘어 불교적 진리와 선의 세계로 진입하였다.[3] 〈성철 스님〉1994 상과 〈관응 스님〉1995 상으로부터 〈광덕 스님〉2003 상이나 〈일타 스님〉2003 상, 그리고 2012년부터 그린 〈법정 스님 진영〉2012~2014에 이르기까지 스님 초상화들은 그들의 도의 세계와 화가의 필력이 다투면서 어우러지는 화쟁의 세계였다.

그가 그린 성철 스님 초상화는 여러 점이다. 정면의 얼굴 모습과 뒷짐을 진 모습, 세수하는 자세의 뒷모습 등 매우 다양한 시각에서 스님의 전체를 담으려고 노력하였다. 세숫대야의 물에 비친 얼굴 모습이나 얼굴 없이 의상만 꼿꼿하게 입고 앉아 있는 그림〈성철 스님 10〉은 존재하는 것과 존재하지 않는 것 사이의 경계, 그리고 실체와 그림자 사이의 경계에서 진리가 무엇인가를 묻고 있다. 성철 스님의 뒷모습을 그린 그림이 우리에게 좀더 인간적이고 여유로운 느낌을 준다면, 얼굴 없이 의상만 그린 그림은 약간 섬뜩한 느낌을 준다. 그것은 인간이란 도대체 무엇인가? 우리의 몸이란 한낱 곧 사라져 버리는 허물인 것은 아닌가? 이런 존재의 본질에 대한 질문을 담고 있기 때문이다.

필자는 성철 스님에 관한 그림을 전시할 때 사실 매우 아슬아슬하다는 느낌을 가지고 있었다. 다행스럽게도 한국의 불교계가 성철 스님과 같은 고승의 초상화를 영정 형식이 아닌 파격적 방식으

3) 물론 인물화와 초상화의 차이가 무엇인가에 관하여 논의할 수 있지만, 여기에서는 인물화를 보다 넓은 의미에서 사람들을 그린 그림으로 규정하고, 초상화는 그 중에서도 비교적 널리 알려졌거나 특정할 수 있는 인물에 대한 기록성을 지닌 그림으로 규정할 수 있다. 초상화는 전통적으로 진, 영, 초, 상 등의 한자어로 표시되었다.

로 그리도록 허용한 것도 대단한 일이지만, 그보다 더 신경이 쓰인 것은 과연 작가의 필력이 고승들의 알 수 없는 경지를 담을 수 있을 것인가에 관한 것이었다. 흔히 만나는 대중들의 모습을 통해 한 시대의 전형을 창출하는 것이 역사적 영웅들이나 선승들의 모습을 재현하는 것보다 작가로서 더 의미가 있고 안전한 것은 아닐까 하는 생각도 있었다. 이런 어려움을 작가는 점과 선, 그리고 여백의 조화를 통해 깨달은 듯하다.

그의 초상화의 세계에서 또 다른 의미를 차지하고 있는 것이 다산 영정이다. 2009년 강진군청이 의뢰하여 제작한 다산의 초상화는 나름대로 철저한 고증에 기초하여 그린 것이다. 다산의 얼굴은 알려진 바가 없으나 1974년 월전 장우성에 의해 처음 그려졌다. 이 표준영정은 장우성이 그린 초상화들의 특징을 재현하고 있다. 장우성은 1950년대부터 역사적인 영웅들을 그렸는데, 그의 초상화의 특징은 무인들은 눈꼬리가 치켜 올라가면서 눈동자가 약간 위로 올라가서 흰자위가 많이 드러나게 하고, 선비들은 눈꼬리가 약간 처지면서 얼굴은 장방형에 가깝게 그리는 것이다.

김호석은 좀더 고증에 충실하여, 다산의 눈썹이 세 갈래로 나눠졌고 시력이 좋지 않았다는 기록에 따라 당시 널리 사용되던 안경을 쓴 모습을 그렸다. 또한 다산이 살았던 18세기 의상을 재현해 사방관과 쪽빛 도포를 입은 모습을 그렸다.

김호석의 작품세계를 보면, 정읍 칠보에 있는 자신의 가족사와 깊은 관련이 있는 채용신의 초상화에 많은 영향을 받았다. 채용신의 김영상 투수도는 그의 가족사의 일부이다. 또한 젊었을 때부터 부인과 자녀들, 그리고 자신의 부모를 모델로 하여 일상사를 자주 그림으로 그렸다.

그는 1990년대의 역사인물화와 초상화, 선화를 거쳐 2008년에 여러 점의 〈선비정신1–7〉이라는 그림과 함께 면암 최익현의 〈도끼상소〉2002 장면을 그렸다. 이를 가족사와 연관시켜 말한다면, 그의 그림세계가 끊임없이 가족사로 회귀하는 경향을 보여준다고 할 수 있다. 선비정신의 일상적 구현이라는 점에서 흥미로운 작품은 2001년에 그린 〈칼 끝에 묻은 꿀〉이었다. 달콤함 뒤에 숨어 있는 위험과 일상 속에 숨어 있는 섬뜩함이 아버지의 모습에 담겨 있다.

이제 두 번째 질문으로 넘어가자.

이 초상화의 주인공은 누구일까? 이를 가늠하려면 첫째, 이 사람이 쓰고 있는 갓, 둘째, 이 사람이 쓰고 있는 안경, 셋째, 이 사람이 입고 있는 의상에 주목해야 한다. 이를 밝히려면, 복식사나 일상생활사의 연구성과에 기댈 수밖에 없는데,[4] 이에 문외한인 필

4) 양진숙, 《조선시대 관모 사전》, 서울 : 화산문화기획, 2005; 장경희, 《朝鮮時代 冠帽工藝史研究》 : 網巾 宕巾 笠子를 중심으로, 서울 : 景仁文化社, 2004.

자가 이를 세세히 언급할 수가 없다.

사회사가이자 화가였던 이여성은 "조선은 의관의 나라이고, 갓은 조선색朝鮮色을 가장 잘 대표하는 것"이라고 규정하면서 다양한 모자들을 언급하였지만,[5] 그의 논의로 이 그림에 있는 갓을 온전하게 설명하기 어렵다. 다만, 이 주인공이 쓰고 있는 갓은 조선 후기보다는 조선 성종대나 중기에 유행하던 것이라고 말할 수 있다.

또한 이 주인공이 입고 있는 의상의 특징만으로 시기를 가늠할 수는 없다. 유학자들의 심의에 관한 연구도 많지만,[6] 이 주인공이 누구인가를 밝히는 데는 갓이나 의상보다 안경이 더 중요한 듯하다.

김호석은 앞에서 언급한 백범이나 다산의 초상화에서 안경을 그렸는데, 이들의 안경보다 이 그림에서 표현된 안경이 더 장식적이고 특정 시기를 잘 나타낸다. 조선 안경의 역사에서 독특한 위치를 차지하는 것이 임진왜란 직전에 통신사로 일본을 다녀 온 학봉 김성일의 안경이다.[7]

강명관의 연구2017에 따르면, "조선에서 가장 오래된 안경은 선조 때 외교사절로 중국과 일본을 다녀 온 학봉 김성일의 것이라고

5) 이여성, 《갓》, 문장 2-1, 1940. pp.154-156.
6) 석주선, 《韓國服飾史》, 서울 : 寶晉齋, 1992.
7) 문화재관리국 편, 《학봉 김성일 종가 소장 문화재 조사보고서》, 서울 : 문화재관리국, 1986.

한다. 바다거북의 등껍질로 만든 '대모안경'에 피나무를 파내 만든 안경집이 전해온다."[8] 김성일의 안경을 설명한 것에 따르면, "조선에서도 안경을 쓴 사람이 있었습니다. 명나라에 외교관사신으로 갔던 김성일1538~1593입니다. 중국에 갔을 때 서원을 방문하여 중국 선비들과 학문하는 목적을 놓고 토론하기도 했습니다. 이 안경은 서양문물의 수입에 비교적 관대했던 그가 귀국길에 선물로 얻어온 것입니다." 김성일의 안경과 이 그림에서 표현된 안경이 거의 같다. 그렇다면 이 그림의 주인공은 김성일일 가능성이 크다.

학봉 김성일은 1538년에 태어나 퇴계에게 배웠으며, 1590년 황윤길과 함께 통신사로 일본에 건너갔다. 이듬해에 돌아와 도요토미 히데요시와 그의 전쟁의도 여부를 조정에 보고했는데, 정사인 황윤길은 전쟁 위험이 있다고 하였지만, 그는 이와 다른 견해를 보고하였는데, 막상 왜군의 침략이 있자 많은 비판을 받았던 인물이다. 그는 황윤길의 전쟁 위험이 크다는 보고가 민심소란으로 이어질 것을 두려워했다고 한다. 전쟁이 발발하자 그는 우여곡절 끝에 경상도 초유사로 임명되었고, 진주성에서 왜군과 싸우다가 1593년에 병사하였다.[9] 이후 그는 공신으로 책정되었으며, 그의 집안은 경상도 유림의 대표적인 가문이 되었다.

---

8) 강명관, 《조선에 온 서양 물건들 : 안경, 망원경, 자명종으로 살펴보는 조선의 서양 문물 수용사》, 서울 : Humanist, 2015.
9) 이해영, 《학봉 김성일의 생각과 삶》, 안동 : 한국국학진흥원, 2006.

김호석이 학봉 김성일 초상을 그렸다면, 여러 가지 이유가 있겠지만, 그의 주제인 '선비정신'과 연관이 있을 터인데, 임진왜란과 연관된 김성일의 역할에 관하여 모를 리가 없으므로 그를 어떻게 그릴 것인가를 두고 고심했을 것이다. 이 초상화에서 그려진 안경의 세밀함은 초상화를 그리는 작가의 마음가짐과 준비를 여실히 보여준다.

이제 마지막 질문으로 넘어가자.

왜 김호석은 학봉 김성일의 초상에서 안경만 그리고 눈은 그리지 않았을까?

초상화에서 눈이 '없다'는 것은 세 가지 중의적 의미를 갖는다.

첫째, 없다는 것은 본래 없는 것이라기보다는 있다는 것의 상대적 개념으로 무엇인가 존재하기 때문에 없다는 것을 인식하게 되는 것이다.

둘째, 없다는 것은 있던 상태가 변한 것, 또는 지워진 것일 수 있다. 이것은 당연히 존재한다는 규범적인 사고를 부정하는 것이며, 새로운 가능성을 배태하는 것일 수도 있다.

셋째, 없는 것이 아니라 비워둔 것일 수도 있다. 그것은 새로운 것을 생성시키는 전략적 부재일 수 있다. 눈이 있어야 할 자리를 일부러 비워둔 것이라면 이는 세상을 바라보는 주체의 시각은 과거의 영역이 아니라 미래의 영역에 있는 것이며, 그런 점에서 학봉 김성일이라는 상징은 끊임없이 재창조되어야 하는 인물이라는 작가의 입장이 표현된 것이라고 할 수 있다.

이 그림은 주인공의 얼굴 중 특히 안경테 안의 여백이 흰색으로 칠해져 있다고 느껴지는데, 이 그림을 찬찬히 들여다보면, 그 부분이 하얗게 칠해져 있는 것이 아니라 원래의 종이 색깔임을 알 수 있다. 안경테가 주는 착시효과를 활용한 것이다.

인간은 자신이 알게 모르게 자신이 채택하고 있는 특정 프레임에 따라 세계를 바라보지만, 자신이 그런 틀로 세계를 바라본다는 것을 잘 인식하지 못한다. 그만큼 역사와 사회를 바라보는 인식틀은 신체화 되어 있다.

국립경주박물관에는 얼굴이 없는 불상들이 많이 있다. 정확하게 말하면 얼굴이 없는 것이 아니라 목이 잘린 부처님들이다. 조선초기 불교에 대한 탄압의 결과일 수도 있고, 지나간 세월의 흔적일 수도 있지만, 온전한 모습을 갖춘 불상과 목이 잘린 불상 중에서 어느 편이 더 불성에 가까운가라는 질문은 우문일 수 있다. 진리에 이르는 길은 다양하다.

김호석은 앞에서 언급한 대로 〈성철 스님10〉을 옷만 그리고 몸과 얼굴은 그리지 않았다. 그렇다고 해서 그것이 성철 스님의 모습이 아닌 것이 아니다. 그는 오랫동안 몽골대륙을 답사하고 난 후 존재하지 않는 것, 또는 생성과 소멸에 관한 자신의 사유를 그림에 담기를 즐겨했다.[10] 일부를 통하여 전체보다 더 큰 전체를 드러내기도 하고, 존재가 사라지는 과정을 통해 존재하지 않은 것의 전체상을 표현하려고 노력하였다. 〈먹〉2012이라는 그림은 가부좌 튼 노인 얼굴의 이마 부분이 먹으로 흐려졌는데, 〈법〉2012이라는 그림은 머리 전체가 없고, 사라진 흔적만 남은 모습을 보여준다.

2012년 서울의 공아트스페이스에 열린 김호석 전시회의 제목은 '웃다'였다. 2014년 광주시립미술관에서 열린 전시회의 제목은 '묻다'였다. 그의 최근 전시회의 제목이나 주제들은 점차 추상화되고 간명해지는 경향을 보여왔다. 2019년 제주도 오백장군갤러리의 김호석 초청 기획전시의 주제도 '보다'였다. 그는 2016년 출판한 《모든 벽은 문이다》라는 책에서 "검은 먹 한 점으로 자연과 인간의 본질을 그리면서 세상과 소통하는 일에 진심을 다하고자 한다."라고 썼다.

우리가 오늘 화두로 삼고 있는 〈우리는 누구인가〉라는 작품도 이런 최근의 문제의식의 연장선상에서 해석할 수 있다. 김호석은 '우리는 무엇인가?'를 통해 자신의 예술 철학적 주제인 존재와 무,

10) 김호석, 《문명에 활을 겨누다》, 문학동네, 2006.

그리고 생성과 소멸이라는 화두와 함께 안경과 눈을 중시하면서 도대체 '본다'는 것이 무엇인가라는 화두를 붙잡고 씨름하고 있음을 보여주고 있다.

김호석의 그림은 확실히 감동을 주는 것과 성찰을 하도록 하는 것으로 나누어진다. 이를 정감적 소통과 성찰적 소통이라고 부를 수 있다면, '우리는 누구인가'는 후자에 속한다. 어쩌면 소통을 통한 감동이 더 클 수도 있다.

김호석은 우리 시대의 초상화가 과거의 유물이 아니라 새로운 시대를 창조하는 소통 매체이기를 희망한다. 그렇기 때문에 역사적 인물의 관점이 아니라 감상자가 주인공의 마음이나 몸속에 들어가 자신의 눈으로 보고, 새로운 세계를 창조하도록 비워둔 것이다. 이는 주인공을 따르거나 바라보는 사람이 자기 나름대로의 눈을 가지고 사물을 새롭게 바라보라는 권유이거나 명령이며, 이는 자기 자신을 향해서 던지는 채찍이기도 하다. 그렇게 생각하고 다시 이 그림 앞에서 서면, 그런 분별심조차 사라진다. 작가는 〈황희 정승〉과 함께 〈우리는 누구인가〉라는 김성일 초상화에 큰 애착을 가지고 있으며, 자신을 대표하는 작품으로 꼽을 것이 틀림없다.

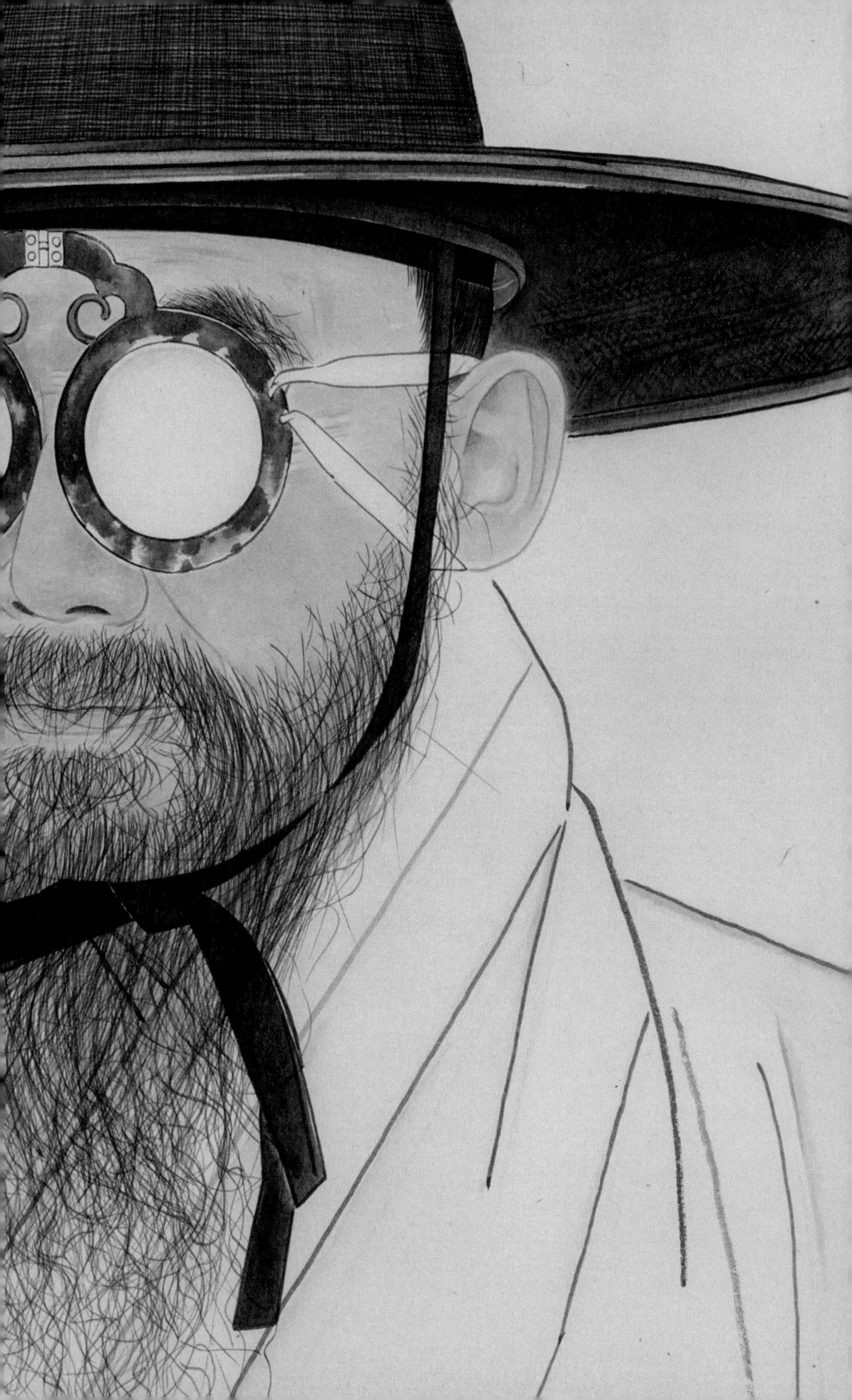

맹목에 대한
저항

김종구

한겨레신문 편집인

김호석 화백은 내 고등학교 동기 동창생이다. 하지만 3년 동안 한 번도 같은 반을 한 적은 없다. 학교를 졸업하고 각자가 다른 길을 걷다 보니 친밀하게 교유할 기회도 없었다. 동창생들이 함께 모인 자리에서 만나는 것 정도가 고작일 뿐 둘이서 깊은 대화를 나눈 적도 별로 없이 지내왔다. 나는 그가 당대 최고의 초상화가로 이름을 떨치고 있는 모습을 멀리서 경이와 찬탄의 눈으로 지켜보아 왔을 뿐이다.

그런데 김 화백이 불쑥 내게 이메일로 자신이 그린 초상화 한 점을 보내주며 글을 청했다. 초상화를 보고 느낀 감상평을 써달라는 요청이었다. 나는 초상화에는 문외한이어서 그런 글을 쓸 능력이 없는 사람이다. 그런데 김 화백이 내게 그런 주문을 하게 된 것은 내가 자초한 면이 크다. 김 화백은 2019년 5월 하순에 페이스북에 유관순 열사의 실제 사진과 국가표준영정으로 새로 제작한 작품을 나란히 띄워놓고 페북 친구들한테 감상평을 청했다. 여기에 나도 댓글을 하나 달았다.

"외형적 나이, 내면에 깃든 정서와 꿈 등 어느 것 하나 제대로 표현하지 않은 엉뚱한 초상화."

이런 취지의 글이었다. 사실 이 감상평은 나의 독창적 평가도 아니었다. 이미 여러 사람이 댓글에서 이구동성으로 한 말의 동어반복에 불과했다. 그런데 이 댓글을 보고 김 화백이 초상화 감상평을 내게 주문한 것이다.

김 화백은 내가 신문사에서 오래 일했고 정기적으로 칼럼도 쓰고 있으니 감상평도 쓸 수 있으리라 여긴 듯하다. 하지만 그것은 나를 너무 과대평가한 것이다. 신문 기자는 원래 다른 사람들의 생각을 취재해서 독자들에게 전달하는 데는 능할지 몰라도 독자적인 예술 평론을 하는 데는 익숙지 않은 사람들이다.

간혹 평론가를 뛰어넘는 탁월한 식견을 가진 기자들도 더러 있긴 하지만 나는 그런 쪽과는 거리가 멀다. 심지어 신문사에서도 주로 정치부나 사회부 등에서만 일했고 문화부는 근처에도 가보지 못했다. 그러니 초상화는 물론이고 예술에 대해서는 완전 문외한이다.

내가 글쓰기에 난색을 표명하자 김 화백은 "그냥 느낀 대로 쓰면 돼. 길이도 형식도 관계없어."라고 말했다. 원고 마감까지 시간도 넉넉하다고 했다. 김 화백의 끈질긴 권유에 조금씩 마음이 움직이기 시작했다. 이번 기회에 초상화의 세계를 한번 들여다보는 것도 나쁘지 않을 것 같다는 생각도 들었다. 결국 한번 만용을 부려보기로 결심했다.

김 화백이 내게 주문한 것은 '그냥 보고 느낀 그대로'를 글로 옮겨 달라는 것이다. 그림에 대해 아무것도 모르는 사람의 순백의 느낌을 그대로 적어달라는 뜻일 것이다. 하지만 말이 좋아 순백이지, 정말 아무것도 모르는 무식쟁이는 아무것도 느낄 수 없는 법이다. 나는 머릿속에 하얀 안개가 피어오르는 듯한 몽롱한 느낌만 들 뿐, 그것이 정확히 무엇인지도 모르겠고, 표현할 길도 없었다.

아무래도 감상평을 쓰기 전에 초상화에 대한 기본 책자라도 한 번 읽어보는 것이 낫겠다 싶었다. 그래서 이태호 교수의 《사람을 사랑한 시대의 예술, 조선 후기 초상화》, 조선미 교수의 《한국의 초상화》, 이성낙 박사가 지은 《초상화, 그려진 선비정신》 등을 사서 읽었다. 김 화백이 그린 초상화를 보니 아무래도 초점이 안경에 있는 것 같아서 부산대 강명관 교수가 지은 《조선에 온 서양 물건들》도 구해서 읽었다. 안경, 망원경, 자명종 등 조선 후기 우리나라에 들어온 서양 물건들에 대한 연구를 담은 책이다.

이런 책들을 읽은 것은 말하자면 시험을 앞두고 벼락치기 공부를 한 셈이다. 그런 공부가 온전한 지식이 될 리 만무하다. 그런데도 어쨌든 평소에 잘 접해 보지 못한 그림의 세계를 들여다보는 작업은 유익하고 흥미로웠다. 그동안 어렴풋이 알고는 있었지만 우리의 전통 초상화가 얼마나 뛰어난 우리 정신문화의 결정체인지를 깨닫게 된 것도 큰 소득이다.

나는 우선 김 화백이 보내준 초상화 파일을 사무실 컴퓨터 바탕화면에 저장했다. 그리고 틈날 때마다 초상화를 들여다보았다. 그리고 물었다.

"당신은 도대체 누구십니까?"

김 화백이 모델로 삼은 초상화의 주인공은 대체 누구일까?

그런데 초상화가 참으로 이상하다. 안경을 쓴 선비의 모습도 무척 생소한데 안경 안의 눈동자가 없다. 눈동자가 없는 초상화는 그동안 본 적이 없다. 이 초상화를 보고 맨 먼저 뇌리에 떠오른 것은 이현세 만화 《공포의 외인구단》에 나오는 마동탁 선수였다. 만화의 주인공인 까치에 대항하는 악역인데, 얼굴에 눈동자는 없이 안경만 그려져 있는 캐릭터다. 또 있다. 가수 김수철의 앨범 재킷에도 큼지막한 안경만 강조된 사진이 이미지로 사용된 적이 있다. 눈동자는 없어도 얼굴 윤곽만 봐도 김수철인 것을 알 수 있다. 이런 예를 빼고는 눈동자가 없는 초상화는 금시초문이다.

초상화를 보면 볼수록 뭐라 딱 짚어서 말할 수는 없지만 느낌이 매우 기묘했다. 김 화백이 수수께끼 게임을 하는 것은 아닐까 하는 생각도 불쑥불쑥 들었다.

'작가는 이 초상화를 통해 무엇을 말하고 싶어하는 걸까?'

김 화백이 어려운 퀴즈 문제를 하나 던져놓고 나의 추리 능력을 테스트해 보는 것도 같았다.

초상화를 보면서 맨 먼저 떠오른 말은 '실학' '시대정신' '선비' 같은 단어들이었다. 조선시대에서 안경은 신문물을 받아들이는 상징물과도 같다. 안경을 살펴보니 안경다리가 없이 실로 묶어 귀에 거는 '실다리 안경'이다. 안경 변천사에서 보면 초기에 나온 안경에 해당하는 셈이다. 초상화의 주인공은 학문을 하는 선비로 책 읽기와 저술 등으로 눈이 나빠진 사람이 분명하다.

자료를 찾아보니 조선시대의 초상화 중 안경을 쓴 모습의 초상화는 매천 황현의 초상화가 유일한 것 같았다. 황현이 자결한 뒤 그려진 이 초상화는 황현이 1909년 '천연당 사진관'에서 찍은 사진을 보고 당대 최고의 초상화가인 석지 채용신이 그린 것이다. 그리고 몇 년 전에 김호석 화백 본인이 그린 다산 정약용의 초상화가 안경을 쓴 모습이다. 안경을 쓴 조선시대 선비의 초상화 자체가 흔치 않아 크게 화제가 된 것을 신문 보도로 접한 적이 있다.

이 초상화처럼 갓에 도포를 쓴 선비의 초상화도 기존의 조선시대 초상화에서는 찾아보기 어렵다. 대부분의 초상화는 머리에는 관을 쓰고, 관복을 입은 모습이다. 이런 옷차림이 아닌 것은 강세황의 자화상이다. 머리에는 오사모를 썼지만 옷은 평상복인 도포 차림이다. 이것을 두고 전문가들은 "이름은 조정오사모에 있지만, 마음은 산림야복에 있음을 표명한 것"이라고 해석한다. 김 화백 초상화의 인물이 조정에 출사한 관리인지 아닌지는 알 수 없으나, 마음과 몸 모두가 산림에 있는 사람이라고 해석해도 될 법했다.

수염도 매우 인상적이다. 초상화의 도포가 단순한 선으로 간략하게 처리된 것과는 달리 수염은 한 올 한 올 매우 섬세하게 그려져 있다. 공재 윤두서의 자화상도 떠올리게 하는데, 윤두서의 수염이 억센 카리스마를 내뿜는다면 초상화 인물의 수염은 그렇지는 않다. 가늘고 힘이 없어 보이고 빗질을 제대로 하지 않아 흩날린다. 조선시대 모든 초상화의 주인공이 수염을 매우 정갈하게 빗질한 모습과는 대조된다. 그래서 초상화의 전체적 이미지는 근엄함과 위엄, 권위와는 다소 거리가 있어 보인다.

그러면 이 초상화의 주인공은 누구일까? 조선 후기 학자 중 안경을 쓴 사람은 한둘이 아니었을 터이다. 강명관 교수의 책을 읽다 보니 이익, 황윤석, 정약용, 황현 등의 이름이 눈에 띈다. 혹시 초상화의 주인공이 다산 정약용이 아닐까 하는 생각이 갑자기 들었다. 다산 초상화는 이미 김 화백이 그린 바 있지만 버전을 달리해서 다시 그리지 말라는 법도 없지 않은가.

김 화백은 다산 초상화에 대해 "짙은 쪽빛 도포를 입고 머리에는 사방관四方冠을 쓴 인자하고 품위 있는 50대 학자의 모습으로 표현했다."고 설명했다. 그런데 일각에서는 "전체적으로 별로 고생을 해 보지 않은 귀공자풍 이미지가 강하다."는 지적이 제기돼 왔다. 혹시 이런 비판을 의식해서 고민과 번뇌를 담은 다산 초상화를 새로 그린 것은 아닐까? 하지만 그럴 가능성은 희박해 보였다.

상상의 나래를 더 펴다 보니 정조가 아닌가 하는 생각마저 들었다. 《조선왕조실록》에는 정조가 눈이 나빠져 안경을 쓰고 경전을 보았다는 기록이 있다. 개혁의 대명사인 정조를 평복을 입혀 그린 초상화가 아닐까 하는 추리도 잠시 해 보았으나 너무 터무니없는 추측인 듯했다.

초상화의 주인공이 누구인지를 찾기에 앞서 우선 복식부터 하나하나 점검해 보기로 했다. 복식을 살펴보다 보면 초상화의 주인공이 누구인지 단서가 나올 듯했다.

우선 갓을 살펴보았다. 그런데 갓의 모양이 독특하다. 인터넷 등을 통해 아무리 자료를 찾아봐도 초상화에 나오는 모양의 갓을 찾을 수 없었다. 굳이 비슷한 것을 찾자면 예전 텔레비전 드라마 〈정도전〉에서 정도전으로 분한 탤런트 조재현이 쓰고 있는 것에 가깝다. 드라마 〈대왕 세종〉에서 세종 역으로 나온 김상경이 쓰고 있는 것과도 비슷했다. 조선시대 초상화 중에서는 매월당 김시습의 초상화가 비슷하다. 야인의 옷차림에 패랭이 모양의 모자를 쓰고 있는 초상화인데, 이 초상화의 갓 모양이나 옷차림과 약간 닮아 보인다.

그렇다면 이상하다. 초상화의 인물이 안경을 쓴 것을 보면 조선시대 중기 이후 사람이 분명한데 쓰고 있는 갓은 고려 말 조선 초 갓과 비슷하다. 갓의 재질을 비교해 보니 드라마에 나오는 갓과는 확연히 달라 보였다. 드라마의 갓은 대나무 같은 것을 엮어서 만들고 검은 칠을 한 것 같다.

자료를 찾아보니 여말 선초에는 대나무에 옻칠을 한 발립鉢笠이라는 갓이 있었다. 그런데 초상화의 갓은 대나무가 아니다. 총모자가 말총으로 짠 것 같지는 않고, 위에 명주나 얇은 베를 덧씌우고 칠을 한 포립 같아 보였다.

더욱 이상한 것은 갓끈이다. 고름이 반대로 매 있다. 고름의 매듭이 왼쪽으로 가야 하는데 오른쪽으로 가 있다. 김 화백이 이런 것을 모를 리 없으니 일부러 그렇게 그린 것이 분명했다.

이상한 것은 갓뿐만이 아니다. 안경을 자세히 보니 초상화의 인물이 안경을 쓴 모습이 무척 어색하다. 안경의 양쪽 렌즈를 연결하는 쇠브리지 부분이 콧잔등에 걸려야 하는데 이마 위로 올라가 있다.

이상하다고 여기기 시작하니 초상화의 모든 것이 이상하게 보이기 시작했다. 입고 있는 도포도 약간 부자연스럽게 보인다. 깃이 이중깃인데 목 뒤로 너무 높이 올라가 있고, 소매도 무척 넓다. 전체적으로 옷이 몸에 비해 커 보이고 답답하고 부자연스러운 느낌이다.

얼굴 색깔도 묘하다. 초상화의 다른 부분은 모두 흑백인데 얼굴은 화사한 살굿빛으로 처리했다. 다른 초상화에서도 얼굴을 살굿빛으로 처리한 경우가 있는 것을 보았지만, 그 농도가 짙고 주변의 색 처리에 비해 너무 도드라져 약간 부조화하다. 초상화 주인공의 수염이 가늘고 힘이 없어 보이는 것을 보면 분명히 나이가 상당히 든 사람일 터인데 얼굴빛은 젊은이처럼 화사하다. 뭔가 아귀가 잘 안 맞고 어색하다.

복식도 복식이지만 관건은 결국 눈이다. 이 초상화의 가장 특이한 점은 눈을 그리지 않았다는 점이다. 눈은 그 사람의 마음의 창이며, 한 인간의 본질적 특징을 가장 잘 보여주는 거울이다. 초상화에서 제일 중요한 포인트가 눈이라는 것은 삼척동자도 안다. 게다가 조선시대 초상화는 "터럭 하나라도 닮지 않으면 다른 사람이다."라고 말할 정도로 치밀함을 중시하지 않는가. 그런데 눈을 빼버렸으니 치밀함과는 너무 거리가 멀어져 버렸다.

조선 초상화는 또한 외모만이 아니라 마음과 정신을 담으려 하는 것을 목표로 삼았다. "정신을 그리는 것은 눈동자에 있다."는 중국 동진시대 화가 고개지의 말이 굳이 아니더라도 초상화에 눈동자가 없다는 것은 정신을 표현하지 않았다는 뜻이다.

김 화백은 왜 가장 핵심적인 눈동자를 빼버렸을까.

여기에는 분명히 의도가 있을 것이다.

이제 초상화의 주인공이 누구인지 궁리하는 일은 그만두기로 했다. 한 인물의 정신적 본질의 핵심인 눈동자를 생략한 초상화에서 주인공이 누구인지를 찾는 일은 무의미해 보였다. 초상화의 눈동자를 그리지 않았다는 것은 그 인물을 특정한 인물로 한정하지 않겠다는 작가의 뜻이리라.

이 인물은 어떤 한 사람일 수도 있지만 여러 사람의 조합일 수도 있다. 김 화백이 눈동자를 생략한 미완성의 초상화를 그린 이유는 뭘까. 그리고 초상화의 '텅 빈 눈'의 의미는 무엇일까.

초상화에 눈동자가 없는 경우가 있긴 하다. 바로 모딜리아니의 초상화다. 긴 목에 긴 얼굴, 선이 분명한 얼굴에 꿈꾸는 듯한 표정, 눈동자 없는 눈이 모딜리아니 그림의 특징이다. 모딜리아니 초상화는 눈동자가 없기에 공허하면서도, 쓸쓸하고, 신비하고, 애잔하다.

그러면 김 화백의 초상화 주인공은 텅 빈 눈으로 무엇을 응시하고 있는 것일까.

채워지지 않는 시대의 공허함을 눈동자 없는 눈은 상징하고 있는 것일까. 초상화의 인물은 앞에 있는 구체적인 현실이 아니라 눈에 보이지 않는 이상향을 바라보고 있는 것일까.

척박한 조선의 현실이 아니라 저 멀리 아득히 보이는 새로운 세상을 말이다. 그렇게 생각하면서 보니 초상화에 우수와 고뇌, 지식인의 번민, 외로움 같은 것이 풍기는 것도 같다.

그러면 시대와 걸맞지 않은 갓, 반대로 맨 갓끈, 이상하게 쓴 안경의 의미는 무엇일까. 일부러 복식을 부조화스럽게 함으로써 시대적 저항을 상징하는 것일까. 모든 것이 엉망진창인 세상에서 엉뚱한 복식 차림으로 눈동자 없는 눈으로 공허한 현실을 비웃고 있는 것일까.

그런데 정반대의 해석도 가능할 듯하다. 문득 서울의 한 대형 박물관에서 일하는 분이 해 준 이야기가 떠올랐다.

"우리 박물관에 조선시대 안경이 많이 있는데 도수 있는 안경은 별로 없어요. 당시에 많은 사람이 안경을 썼지만, 유행에 따라 멋으로 썼지 실지로는 도수가 없는 안경을 많이 썼다는 뜻이지요."

초상화의 주인공도 그런 부류의 사람인가. 안경을 쓰긴 했지만 유행에 뒤질세라 쓴 것에 지나지 않고, 그러다 보니 코에 걸려야 할 안경의 부분이 이마 위로 올라가 버린 우스꽝스러운 모습이 된 것은 아닐까.

그렇다면 이 초상화의 텅 빈 눈은 바로 '맹목'을 상징하는 것인지도 모른다. 안경을 제대로 쓰지 않았으니 초점이 맞을 리 없고 사물을 제대로 응시할 리도 없다. 그리고 머리에는 구시대의 낡은 갓이 얹혀 있다. 눈에는 세상의 변화, 시대의 변모를 상징하는 최첨단 물품인 안경을 착용하고 있지만, 머릿속은 시대에 뒤떨어진 이념으로 꽉 막혀 있는 인물, 몸에 잘 맞지 않는 큰 옷으로 몸을 꽁꽁 감싼 답답한 학자, 겉으로는 고뇌와 번민에 휩싸인 듯하지만 얼굴색은 화사한 기운이 감돌 정도로 진정한 번민과 고뇌는 없는 거짓 선비를 형상화한 것은 아닐까.

그렇다면 이 초상화는 지금 이 시대에 대한 김 화백의 신랄한 풍자인지도 모른다. 낡은 시대의 이념에서 벗어나지 못한 학자들, 사안을 제대로 냉철하게 응시하지 못하는 맹목의 지식인들, 자기 생각만이 옳다고 고집하는 꽉 막힌 가짜 선비들이 넘쳐나는 사회. 자신만이 옳고 자기편만이 정의이며 끼리끼리만 어울리는 독선에 대한 작가의 깊은 절망감과 분노가 이 초상화로 표현된 것은 아닐까.

조선 후기 격동의 시대에 맹목적 사고가 나라를 망쳤듯 현시대의 지식인들도 똑같은 맹목으로 이 사회를 그릇된 방향으로 이끌고 가는 것은 아닌지 돌아봐야 한다는 것을 김 화백은 이 한 장의 초상화로 외치고 있는 것은 아닐까.

글을 써놓고 보니 미술작품에 대한 심미적 감상평이 아니라, 신문사 사회부 기자가 사건 추적 기사를 쓴 듯한 느낌이다. 단편적 사실 관계를 이것저것 따져 논리적 추론을 하다 보니 예술품 자체가 던져주는 느낌과는 잘 상응하지 않는 것 같다. 예술의 본질을 꿰뚫은 강력한 심미안에 기초한 감상평이 아니라, 여러 조각난 퍼즐을 맞추고 짜깁고 하는 식의 감상평이 갖고 있는 본질적 한계가 아닐까 싶다.

그런데 어차피 추리를 시작했으니 더 추리를 해야 할 대목이 있다. 김 화백은 나를 포함한 많은 사람들에게 이 초상화에 대한 감상평을 주문했다고 한다. 그리고 감상평들을 모아 책으로 펴낼 계획이라고 들었다. 이 미완성의 초상화 한 점만을 걸어놓고 전시회를 열 계획도 세워놓았다고 한다. 이런 기상천외한 '프로젝트'의 의미는 무엇일까.

원래 모든 예술작품에 대해서는 다양한 해석이 나오게 돼 있다. 해석에는 정답이 없다. 보는 사람의 관점과 생각에 따라 각양각색의 해석이 나올 수 있다. 그런데 김호석 화백이 그린 이 초상화는 유달리 그럴 것 같다. 미완성 작품이라서 해석의 여지가 참으로 무궁무진할 듯싶다. 아마 100명에게 물어보면 100가지의 다른 반응이 나올 것이다.

그리고 그런 해석들 하나하나는 또 다른 이미지를 만들어 내게 된다. 독자들이 감상평을 읽고또는 읽는 도중에 초상화를 들여다보면 그때마다 초상화의 느낌이 다르게 다가올 것이다. 결국 보는 관점, 시각, 해석에 따라 초상화는 수많은 다른 모습으로 우리에게 다가올 것이다. 어떤 의미에서는 감상평이 모여 또 다른 하나의 '미술작품'을 만든다고 할 수도 있다. 나는 지금 그 미술작품의 한 귀퉁이를 만들고 있는지도 모른다.

이제 초짜 '미술 탐정'의 어설픈 추리는 끝났다. 써놓고 보니 제대로 된 추리는 아닌 것 같다. 하지만 나의 추리가 맞고 틀리고는 별 상관이 없는 것이 김 화백 프로젝트의 본래 의미일지도 모른다. 조만간 김 화백을 만나 술잔을 기울이며 이 작품에 대해 이야기할 기회가 오기를 손꼽아 기다린다.

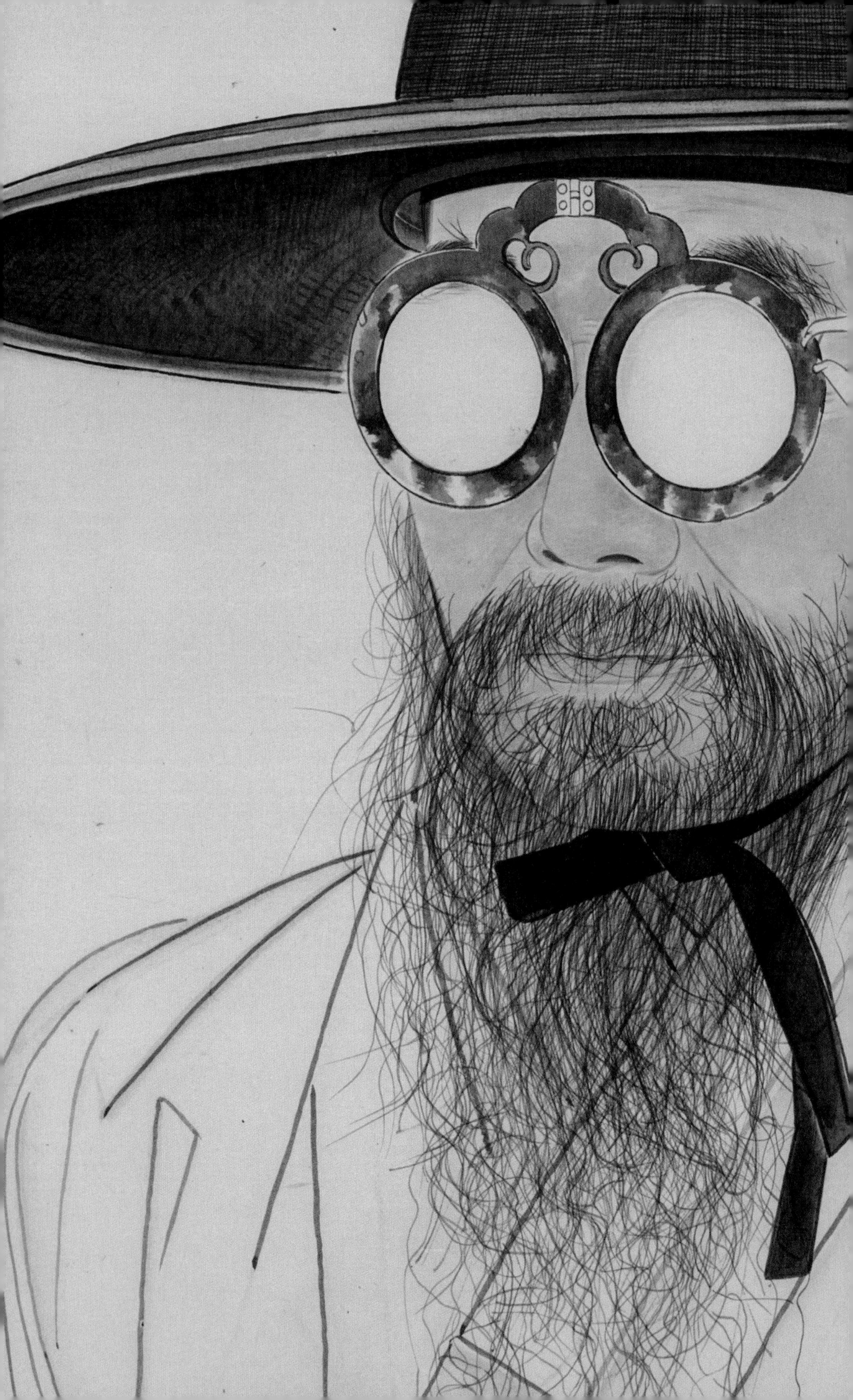

김호석 화백의 〈눈부처〉

그리지 않음으로써 그릴 수 있나

김인성

미술사 박사(런던대학교)
런던대학교 연구원

김호석 화백의 작품 〈눈부처〉는 거의 실물에 가까운 크기의 인물 반신상으로, 오른쪽 옆면을 바라보는 인물을 그린 작품이다. 작품 양식은 우리 회화의 전통을 따른 수묵담채화인데, 사실상 채색이라고 할 만한 부분은 옅은 살구색의 담채로 피부의 사실적 입체감을 살린 인물의 얼굴뿐, 나머지 부분들은 묵의 강약과 농담, 단순한 선묘만으로 깊은 느낌을 전달하고 있어 붓을 다루는 작가의 솜씨가 예사스럽지 않음을 보여준다.

얼굴은 미묘한 음영의 차이를 두고 채색되어 입체감이 두드러지며, 미세한 붓질로 반듯한 콧등과 눈가의 주름, 입 주변 팔자 주름의 굴곡진 부분, 눈썹의 터럭 한 올까지도 사실적으로 정치하게 묘사하였다. 입술은 얼굴색보다 약간 진한 색으로 처리하였고, 수염에 감추어져 있지만 윤곽이 선명하다. 말총 올 하나하나까지 세밀하게 묘사한 흑립黑笠은 음영의 차이를 두고 채색되어 입체감이 두드러지며, 진한 묵색으로 결 고운 갓끈을 강조하여 인물의 정갈함을 더했다.

초상화의 배경과 같은 색의 미색 도포는 넓은 소매에 곧은 깃이 달린 넉넉하고 풍성한 한복인데, 가슴 근처까지 양 손을 올린 몸의 자세에 따라 자연스럽게 만들어진 옷 주름을 선묘로 처리했고, 선 둘레에는 미세한 농도로 음영의 차이를 두어 옷감의 질감을 표현하였다. 갓끈의 묵색보다 흐리게 처리한 넓고 검은색의 허리띠인 광다회廣多繪가 소매 아래로 가지런하게 내려와 있다.

작품에서 이목구비보다 더 뛰어나게 표현된 것이 수염이다. 수염은 얼굴을 채색한 이후에 그렸는데, 구레나룻부터 턱 밑까지 한 올 한 올 정성을 다해 검은 세필로 그려 낸 수염은 바로 공재 윤두서尹斗緖, 1668~1715의 자화상을 연상시킬 만큼 세밀한 관찰과 뛰어난 묘사력을 보여주고 있다. 입을 다물고 있는 인물임에도 그가 뭔가를 말하고 있는 듯한 느낌을 전달하고 있으니, 옅은 먹과 단순한 선으로 정신성을 빚어낸 작가의 솜씨가 가히 비상하다 할 만하다.

다만, 이 작품이 초상화인지 단순히 인물화인지 결정하기 쉽지 않다. 나의 과문寡聞 탓이 크겠지만, 나는 이렇게 '비어있는' 초상화는 처음 본다. 흑립을 쓰고 도포를 한 인물의 의관을 보건대 조선시대 선비를 그린 것이 분명한데, 표제나 찬문이 없으니, 대상 인물의 신분이나 정체성에 대한 정보가 극도로 미약하다. 조선 선비를 그린 초상화의 문법대로 이 작품의 인물 역시 공수 자세를 취하고 있어 그의 양 손은 풍성한 도포 소맷자락 안으로 숨어들어가 있다.

르네상스시대 화가들의 열전을 쓴 바사리Giorgio Vasari, 1511~1574가 각각의 화가들이 손과 손가락을 어떻게 그렸는가 비교하여 화가들의 특징을 알아냈다는 점을 생각하면, 우리 옛 초상화의 공수 자세는 인물 표현의 중요한 장치 하나를 제거함으로써 조선 초상화가들이나 감상자들에게 초상화의 목적이 단순히 시각적 정보 전달에만 있는 것이 아니라 인물의 총체적인 인간됨을 보여주는 것임을 환기시켜 준다. 이에 비하면 서양 초상화는 일찍부터 화면의 배경이나 지물을 통해서 그 대상 인물의 사회적 지위나 직업, 관심사 등을 알려주고 있으니, 감상자들에게 훨씬 친절하다고 할 수 있다.

조선 후기로 갈수록 초상화의 인물들이 소매에서 손을 꺼내어 부채나 책, 안경을 들고 있는 경우가 있지만, 이 작품의 인물은 그 손을 소매 깊숙이 감추고 있을 뿐이다. 한지의 여백을 그대로 남겨둔 화면 배경도 도무지 인물에 대한 실마리를 주지 않는다.

표제가 없고, 손이나 배경이 없고, 지물이 전혀 표현되지 않았다고 하지만, 이 인물화에 눈이 없다는 사실에 비하면 전혀 문젯거리도 아니다. 눈은 마음의 창이라고 하는 게 동서고금의 상식이다. 대단히 허용적이라고 알려져 있는 서구 나라들에서조차 무슬림 여인들의 복장, 특히 당사자의 눈까지 가리는 니캅Niqap이나 부르카Burka에 시비를 거는 이유도 그들의 눈을 볼 수 없다는 것이고, 그럼으로써 인물을 확인할 길이 없다는 것이다.

눈을 통해서 그 사람의 정체성을 확인한다는 태도는 다채색의 눈동자를 가진 서양인들만의 전유물이 아니다. "사람을 보는 데 눈동자보다 좋은 것이 없다. 눈동자는 악함을 가리지 못한다. 마음이 바르면 눈동자가 밝고, 마음이 바르지 못하면 눈동자가 흐리다[存乎人者 莫良於眸子 眸子不能掩其惡 胸中正則眸子瞭焉 胸中不正則眸子眊焉]."는 기록이 이미 《맹자》에 남아 있으니, 눈이 사람의 인품을 알려주는 창이라는 이해는 일찍부터 인류가 공유하고 있었던 상식이었던 것이다. 부처나 보살의 상을 만들거나 그림을 그렸다고 해도 이것들이 불상과 불화라는 경배의 대상이 되기 위해서는 눈동자를 그려 넣는 점안식點眼式을 거쳐야만 한다는 불가의 전통도 인물 형상에서 눈이 가지고 있는 절대적 중요성을 다시 한 번 확인시켜 준다.

현대에 들어 갖가지 미술 사조가 등장하면서 인물화가 더 이상 사실적인 재현에 머물고 있지 않지만, 인물화를 그리면서 눈을 그리지 않는 화가는, 글쎄, 내가 아는 한 없는 것 같다. 오죽하면 우주비행사들의 초상화도 그 유명한 헬멧을 벗은 상태에서 그린 것이 아닌가. 오히려 눈만으로 인물의 전체적 느낌을 전달하려는 회화적 시도, 예를 들자면 르동Odilon Redon, 1840~1916의 〈키클롭스The Cyclops〉1898라든가 달리Salvador Dali, 1904~1989의 〈해변에 나타난 얼굴과 과일의 환영Apparition of a Face and Fruit Dish on a

Beach〉1938 등이 떠오르지만, 인물화 그것도 추상이 아니라 인물의 사실적 재현을 목표로 하는 구상화에서 눈을 그리지 않은 경우는 없다고 본다. 눈썹을 그리지 않았다고 모나리자에 대해 온갖 기기묘묘한 추측이 도는데 눈동자조차 그리지 않았다니, 이것은 작가가 고의적으로 감상자들에게 도전장을 던지기로 선택한 것이라고 볼 수밖에 없다.

이 작품의 인물상에 눈이 그려져 있지 않기 때문에 더욱 우리의 눈을 끄는 것은 눈의 자리를 차지하고 있는 안경이다. 김 화백은 다산 정약용 초상화에서 처음으로 안경을 쓴 다산을 보여주었을 뿐 아니라 지관 스님을 비롯한 고승들의 초상에도 안경을 씌웠던 화가인데, 그렇다고 해서 눈을 그리지 않았던 적은 한 번도 없었다. 오히려 눈과 인물상의 관계에 대해 그만큼 잘 감지하고 있는 작가도 드물 것이다. 그는 지관 스님 초상을 그리면서, '지관 스님의 눈빛을 통해서 나의 정체성을 고민했다'고 했던 적이 있다. 그런 그가 〈눈부처〉에서 안경만 그리고 눈을 그리지 않았다면, 이 안경이 시사한 바가 적지 않다고 봐야 할 것이다.

〈눈부처〉가 인물화일 뿐 초상화는 아니라고 하기가 망설여지는 까닭은 바로 이 안경이 차지하는 의미와 그만큼 치밀한 묘사 때문이다. 안경은 인물의 절반을 차지할 정도로 크고 세밀하게 묘사되어 있다. 안경테는 나무 비슷하지만 분명 나무는 아닌 재질이고,

각 안경알의 테두리에 연장되어 3곡을 이루는 연결테가 두 안경알을 서로 이어주는 모양을 하고 있는데, 그 중앙에는 안경을 접어서 쓸 수 있도록 경첩이 달려있다. 그리고 안경다리를 대신하여 안경테 가장자리에 두 개의 홈을 내고 그 곳에 흰 끈을 끼워 넣어 안경다리를 대신하고 있다. 소위 '실다리 안경'이라고 알려져 있는 모습 그대로인데, 실이 아니라 끈으로 안경다리를 대신했을 뿐이다.

이처럼 작은 세부묘사까지 극사실주의라고 할 만큼 꼼꼼하게 묘사되어 있어 이 안경이 분명 어떤 특정 물건, 특정 인물의 소지품이라는 느낌을 남긴다. 사실 안경은 눈 못지않게 어떤 인물의 정체성의 회화적 표시일 때가 많다. 검은 뿔테 안경 없이 백범 김구 선생을 그릴 수는 없을 것이다. 그렇다면 이 안경을 보고 떠오르는 인물은 누구라고 해야 할까.

널리 알려져 있다시피, 안경을 쓴 초상화로 가장 오래된 것은 베네치아 북쪽, 트레비조Treviso에 위치한 산 니콜로San Nicolo 성당참사회의 프레스코 벽화에서 찾아볼 수 있다. 도미니크 수도회 소속 연구자들 40명의 모습을 그린 이 연작 프레스코는 1352년 톰마소 다 모데나Tommaso da Modena, 1326~1379의 작품이라고 알려져 있는데, 그들 가운데 성서주해가로 유명한 〈휴 대주교Cardinal Hugo of Provence[Hugh de St. Cher] c. 1200~1263〉가 안경을 쓴 채 성경 연구에 몰두하고 있는 것으로 표현되어 있다.

사실 휴 대주교는 1260년경에 사망한 것으로 알려져 있으니 살아생전 그가 이 그림처럼 안경을 착용했을 가능성은 거의 없었겠으나, 현존하는 종교화들 가운데 안경 쓴 성자상이나 사제 초상화가 많은 것으로 미루어 보아, 14세기 말 이래 사제를 비롯하여 유럽의 독서가 계층에서 안경이 빠르게 퍼져 나갔으리라 짐작할 수 있다. 휴 대주교의 초상은 〈눈부처〉의 인물처럼 두 알짜리 접이식 안경을 코에 걸고 있는데, 귀에 걸기 위해 실이나 천을 이용한 흔적은 없다. 소위 실다리 안경을 쓴 인물 초상화로는 현재 뉴욕의 메트로폴리탄 박물관에 소장되어 있는 엘 그레코El Greco, 1541~1614의 〈돈 페르난도 니뇨 데 게바라 추기경Cardinal Fernando Niño de Guevara, 1541~1609〉의 초상을 들 수 있다. 스페인의 종교재판소장으로 유명했던 이 추기경의 초상화는 그런 배경 지식이 없더라도 검은 안경테 아래로 한 번 보면 잊지 못할 싸늘한 눈매가 살아있고, 안경을 단단하게 귀까지 고정시켜 주는 끈은 그의 냉랭함과 엄격함을 더욱 강조하고 있다.

이러한 안경들이 언제 우리나라에 들어왔는지에 대해서는 여러 가지 설이 있는데, 우리나라에서 최초로 안경에 대해 언급한 글은 1606년에 간행된 이호민李好閔, 1553~1634의 〈안경명眼鏡銘〉과 1614년에 간행된 이수광李睟光, 1563~1629의 〈지봉유설芝峯類說〉이다. 특히 이수광은 임진왜란 때 각각 중국과 일본의 외교사절로 조선에 파견된 명나라 장수 심유경沈惟敬, 1526/27~1597과 왜국 승려 게 이테스 겐소景轍玄蘇, 1537~1611가 모두 노인이었지만 안경을 써서 잔글씨를 읽을 수 있었다고 밝히고 있어, 조선에서는 아직 생소한 물건인 안경이 임란이 일어난 16세기 말에 이미 중국과 일본에 전해져 있었음을 알려주고 있다.

초상화 가운데 안경을 쓴 작품으로는 조선 말 최고의 초상화가인 석지石芝 채용신蔡龍臣, 1850~1941이 1911년에 그린 매천梅泉 황현黃玹, 1855~1910의 좌상坐像을 들 수 있다. 황현은 조선 후기의 학자로, 장원 급제했음에도 불구하고 혼란한 시국에 나서지 않고 은거하다 1910년 일제에 국권을 빼기자 절명시絶命詩를 남기고 자결하였다. 황현 초상화는 그가 세상을 뜬 직후인 1911년, 그가 생전에 촬영한 사진을 보고 채용신이 그렸다고 알려져 있는데, 안경을 쓴 모습이야 말로 20대에 책 1만 권을 읽었다는 황현을 가장 함축적으로 표현하고 있다.

황현은 심한 근시에 오른 눈이 사시斜視여서 20대 중반부터 안경을 썼다고 하는데, 온후하면서도 강직한 학자의 풍모를 담은 초상화에서도 안경 너머 그의 눈동자는 이러한 섬약한 모습을 그대로 담고 있다. 그가 쓰고 있는 안경은 〈눈부처〉 인물의 '실다리 안경'과는 달리 안경다리가 안경테와 같은 재질로 제대로 만들어져 있어 진일보한 모습을 보이고 있다. 그림에 나타난 그의 안경은 안경다리 중간이 굽어 있어 다리를 귀에 걸치지 않고, 건巾 사이에 끼워 고정할 수 있는 것으로, '꺾다리 안경'이나 '학다리 안경학슬안경, 鶴膝眼鏡'이라고 알려진 유형이었다.

이렇게 안경의 배경과 회화적 기록들을 살펴보면, 〈눈부처〉의 인물은 '실다리 안경'이 사용된 조선 중 후기를 살았던 누군가를 상정하고 있다고 추측할 수 있다.

사실 나는 몇 년 전 경기도 남양주에 있는 실학박물관에서 현존하는 우리나라 최초의 안경이라면서 〈눈부처〉의 인물이 쓰고 있는 바로 그 안경을 본 적이 있다. 지금도 여전히 그 곳에 전시되고 있는지 모르겠지만, 그 안경은 학봉鶴峰 김성일金誠一, 1538~1593이 사용, 혹은 보관하던 것으로 '대모 실다리 안경'이라는 명칭으로 소개되어 있었다. 설명 그대로 대모玳瑁, 즉 거북이 등껍질로 안경테를 만들었고, 그 테두리에 작은 구멍을 내고 끈을 꿰어 귀에 걸칠 수 있게 되어 있었다. 안경알은 수정을 깎아 만들었다고 하는데, 지금의 세련되고 선명한 렌즈에 비하면 조야하고 흐릿했다. 당시 안경알이 결코 선명하지 않았으리라는 것은 현재 남아 있는 18, 19세기 책가도 병풍에 등장하는 안경들만 보아도 짐작할 수 있는데, 어떤 안경들의 안경알은 거의 선글라스라고 해도 어울릴 정도로 진한 색으로 그려져 있다.

학봉의 안경과 〈눈부처〉의 안경의 차이가 있다면 안경다리에 해당하는 끈의 색상뿐인데, 내가 보았던 안경은 거의 검정에 가까운 진한 갈색 끈을 달고 있었던 데에 비해 〈눈부처〉의 안경은 흰색의 끈으로 안경다리를 대신하고 있다. 이에 대해서는 얼굴색과 전체적인 균형을 맞추기 위해 작가가 흰 색상을 선택했다고 볼 수도 있고, 학봉 안경의 실제 원 모양이 그러했기 때문일 수도 있다. 이를 제외하면 안경테 모양이나 경첩 등 소소한 부분에 이르기까지 이 안경은 학봉 김성일을 연상시키는 물건이다.

김성일이 40세였던 1577년에 사은사 서장관으로 북경에 다녀왔고, 53세가 되던 1590년에 일본에 통신사 부사로 다녀왔다는 사실에 더해 〈눈부처〉의 인물이 중년의 선비상이라는 점을 감안하면 이 안경은 실제로 김성일이 북경이나 일본에서 구한 것이라고 봐도 크게 틀림이 없을 것이다. 결국 〈눈부처〉는 김성일, 혹은 김성일이 상징하는 당시의 조선 선비상이라고 할 수 있다.

학봉 김성일의 이름이 유독 우리들에게 익숙한 것은 불행하게도 그가 우리 역사의 가장 아픈 기억 속에 있기 때문이다. 김성일은 임진왜란 발발 2년 전인 1590년 왜의 내침 여부와 히데요시의 사람됨을 알아보고자 조선 왕실이 일본에 파견한 통신사 일행 중 한 사람이다. 당파간 세력 싸움이 심하던 당시 선조는 서인인 황윤길黃允吉, 1536~?을 정사正使로, 동인인 김성일을 부사副使로, 역시 동인인 허성許筬, 1548~1612을 서장관으로 하여 통신사를 이루고 일본에 보내 사정을 알아오도록 했다.

이들은 이듬해 귀국하여 일본 국내 사정에 대해 서로 다른 의견을 조정에 보고했다. 서인인 황윤길이 '반드시 왜군의 침입이 있을 것'이라고 보고한데 대해, 김성일은 그러한 정상이 없다면서 오히려 황윤길의 보고가 '민심을 동요시키는 것'이라고 나무랐다. 도요토미 히데요시의 인물됨에 대해서도 황윤길은 '담과 지략이 있는 사람'이라고 했고, 김성일은 '눈이 쥐와 같으니 마땅히 두려워할 위인이 못 된다'고 평했다.

서애 유성룡의 《징비록懲毖錄》이나 《선조실록》의 몇 기록을 보면 김성일은 '온 나라가 불안에 휩싸일까봐' 왜적 불침의 의견을 내었다고 해명하고 있지만, 그가 전쟁 준비에 반대하는 영남 사림의 움직임의 중심에 있었다는 사실을 고려하면 김성일의 해명을 문자 그대로 수용하기 어려운 면이 있다. 임란이 일어나자 서인 측에서 김성일을 왜란의 장본인이라고 지목했고, 지금까지도 그가 황윤길과 당파가 달라 일부러 반대의견을 냈다고 보는 견해가 남아 있는 것도 이런 연유에서이다.

실록 여러 군데에서 선조 역시 김성일의 오판으로 인해 전쟁 준비를 제대로 하지 못했다고 통탄한 바 있다. 실제로 침략의 조짐이 보이자 문책성 인사로 승지로 있던 김성일을 외침에 제일 취약한 경상우병사로 내려 보냈고, 4월 왜구가 부산포에 상륙하자 그를 파직시키고 서울로 잡아들이라고 명했다.

파직되어 서울로 환송되던 김성일을 옹호하여 그의 뜻이 '민심을 진정시키려는 충정에서 나왔다'고 호소하면서 선조의 화를 풀게 한 사람이 바로 유성룡이다. 다시 경상도 초유사로 돌아온 김성일은 임란 동안 동분서주하면서 시의 적절한 조처로 의병과 관군 사이를 연결하는 등 경상 지역의 폐해를 막는 데 적극적으로 공헌했으나 임란 발발 이듬해인 1593년 56세의 나이로 진주성에서 병사한다.

김성일은 1590년 통신사 보고 사건만으로 기억하고 매도하기에는 아까운 인물이다. 그는 영남 사림의 핵심이라 할 만큼 퇴계 이황의 올곧은 제자였고, 학봉이라는 그의 아호 그대로 도산서원의 군계일학이었다. 20세 무렵 도산서원에 들어온 유성룡과 함께 김성일은 퇴계 학파의 후계자로 평생 우의를 이어갔으며, 김성일의 죽음을 전해 듣고 유성룡이 '평생 동안의 지우는 오직 그 한 사람 뿐'이라며 통곡했다고 알려져 있다.

일찍이 관직에 나아가 승승장구하던 유성룡과는 달리 김성일은 잦은 파직과 낙향으로 고향에서 학문에 심취하고자 하였던 사람이었으나, 그 뜻을 이루지 못하고 1588년 선조의 환조桓祖 명령으로 당쟁이 심각했던 조정으로 돌아오면서 어려운 역사의 장면에 한 역할을 맡게 되었다. 유성룡이 《징비록》에서 유독 김성일에 관한 기록에 분량을 제법 할애한 것은 유성룡이 그만큼 김성일의 사람됨을 높이 샀기 때문이다. 김성일은 당파나 지위 고하를 막론하고 불의에 대해서는 물러서지 않았고 임금 앞에서도 조금의 굽힘이 없어 '궁전 위의 호랑이', 곧 '전상호殿上虎'라는 별호를 얻었을 정도로 강직했다.

달리 보면, 이러한 유학자적인 강직함이 그의 결점일 수도 있다.

통신사 일행의 서장관을 맡았던 허성은 동인이었음에도 불구하고 서인인 황윤길과 같은 의견을 내었던 것으로 보아, 김성일의 일본 정세 보고는 객관적 관찰에 의존했다기보다 유학자로서 깊이 배인 습성대로 일본을 야만의 나라로 얕잡아 보고 히데요시의 무례함만 나무랐지, 그 틀을 벗어나서 넓은 안목으로 정세를 판단하지 못한 결과임을 부정할 수 없다. 유학자의 청렴한 마음과 밝은 눈을 가지고 있었던 그였지만, 그것은 마치 그의 조야한 안경처럼 가까이에 있는 것을 꼼꼼히 볼 수 있게 하여 작은 것들의 시시비비를 가르게 했을 뿐, 너른 관점에서 조선을 바라보고 시대와 세상을 판단할 수 있을 만큼 선명한 시력을 보장하지는 못했다. 그는 안경이 등장한 세상을 살면서도 그것을 만들어 낼 수 있었던 세상의 변화를 읽지 못했던 것이다.

나의 아둔한 추측으로는, 여러 초상화에서 눈의 중요성을 수없이 언급했던 김 화백이 여기에서 눈을 그려 넣지 않은 것은 온 힘을 다해 역사의 현장을 살았던 사람에 대한 예우의 표현이라고 본다. 초상화가는 인물의 눈을 그리기 위해 어떤 식으로든 인물을 판단하지 않을 수 없다. 좋은 사람이라든가 나쁜 사람이라든가 어떤 식으로 인물에 대한 가치 판단을 하고 나서야 그 성품을 드러낼 수 있도록 눈을 그릴 수 있지 않겠는가. 불화의 점안식처럼 눈을 그려 넣음으로써 인물화는 완성되고, 그 대상 인물은 다시 감상자들의 평가의 대상이 된다.

김 화백은 눈을 그려 넣지 않음으로써 섣불리 김성일을 비판하지도, 옹호하지도 않는다. 그는 후설Edmund Husserl, 1859~1938이 에포케epoché 라고 불렀던 판단중지를 선언하고 '비워둠'으로써 감상자들이 작품 자체에 몰입하게 하고 적극적 의미 생산에 가담하게 함으로써 각자 나름의 회화적, 역사적 판단을 하기를 기대한다.

〈눈부처〉의 비어 있는 눈동자의 자리는 '눈동자에 비친 형상'이라는 작품 제목의 뜻처럼, 작품을 바라보면서 우리들이 그런 무거운 부담을 안고 역사를 살았던 자가 되어 보라고 권한다. 그 안경 너머의 눈이 바로 나의 눈이라면 나는 어떻게 세상을 보고 판단했을까. 그 고민을 하는 가운데 나의 상상으로 어려운 역사를 살았던 실존 인물을 살려내 보고, 내가 그를 어떻게 보고 있는가 판단하고, 그 판단을 통해 또 나는 나를 어떻게 보고 있는가를 검토하게 만든다. 이런 점에서 〈눈부처〉는 임진왜란이라는 전쟁의 초상화이면서 역사 앞에 선 조선 지식인의 회화적 환유인 동시에 감상자들 각자의 역사인식이 그려내는 자화상이기도 하다.

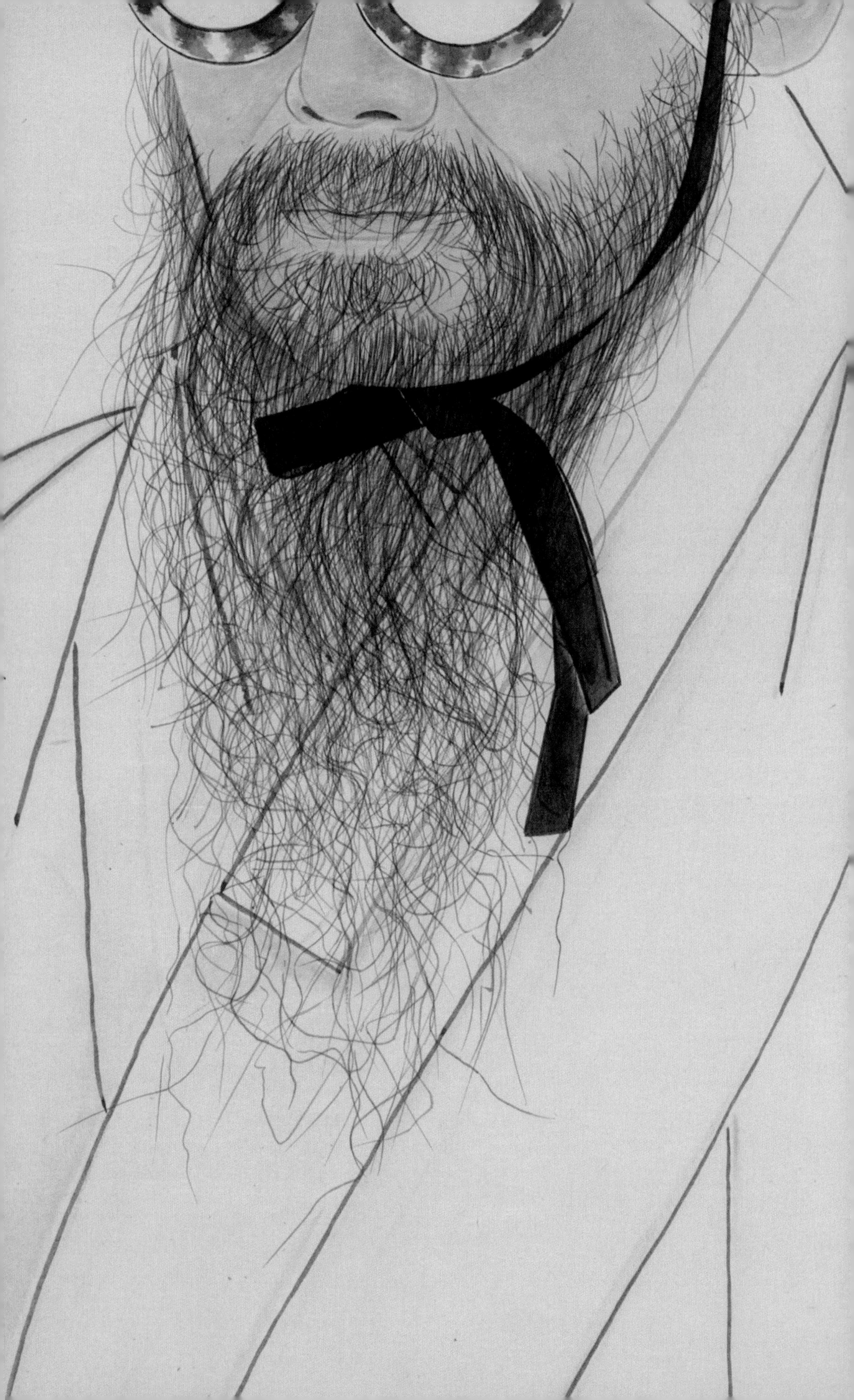

김호석이 그린,
안경을 쓴
조선 선비 초상화

〈우리는 무엇인가〉

이태호

명지대학교 미술사학과 초빙교수
서울산수연구소장

커다란 안경을 썼다. 갓을 눌러 쓰고 양손을 소매에 깊숙이 넣은, 조선시대 선비의 초상화이다. 우리 시대를 대표할 만한 수묵 인물초상화 작가, 가전可田 김호석金鎬祏 화백이 그렸다. 김 화백 자신도 크게 만족스러운 듯, 오랜만의 득의작得意作으로 나에게 내보였다. 여러 명사가 초상화에 대한 글, 찬문贊文을 지어 보내왔다고 대견스레 자랑한다.

모자 위가 둥글고 살짝 내반한 채양의 흑립黑笠, 갓 모습이 임진왜란 이전으로 올라가는 고식古式이다. 가까이 다가서서 보면, 선선한 흰 도포의 품위에 굳게 닫은 입술과 다듬지 않은 수염들이 생동한다. 성리학의 원칙을 고수한 유학자, 조선 선비다운 인상이 강직하다. 정제된 닥종이 한지 바탕에 묘사기법도 조선시대 초상화법을 다시 되살려 그린, 전신傳神의 기운이 감도는 가작佳作이다.

김 화백이 안동의 의성 김씨 문중에서 학봉鶴峯 김성일金誠一, 1538~1593 초상화를 주문받아 그리면서, 떠오른 새 아이디어를 시도해 본 것 같다. 비슷한 시기에 필자가 심의에 참여한 〈김성일 초상〉 작품도 안경을 빼면 비슷한 인상의 인물에 같은 화풍이다. 일반 문중에서 사당이나 특정 공간에 모시기 위한, 관복官服이나 유복儒服으로 주인공의 권위와 명예로움을 담는 영정 제작의 관례와 크게 다르다.

물론 학봉 김성일의 부친 〈김진金璡 초상〉보물 제1221호의 형식에 따라 도상의 예를 갖춘 것이지만, 흰 도포에 갓을 쓴 일상복 차림이어서 문중에서 모실 영정으로는 파격이다. 이같이 작가적 창의성과 상상력을 포용한 것을 보면, 학봉 후손들답다. 〈김성일 초상〉보다 여기에 소개하는 초상화 〈우리는 무엇인가〉는 더욱 파격으로 그렸다. 안경 때문이다.

김호석 화백은 수년 전 강진군의 요청으로 다산초당의 다산茶山 정약용丁若鏞, 1762~1836 초상화를 제작할 때, 안면에 안경을 그려 넣은 적이 있다. 당시 황주홍 군수와 머리를 맞대고 셋이 논의하며, 사방관을 쓰고 짙푸른 감색 도포 차림에 안경 쓴 청장년의 〈정약용 초상〉을 성공적으로 마무리 지었던 기억이 있다. 다산은 돋보기 안경알로 지금 카메라의 전신인 카메라 옵스큐라 '칠실파려안漆室玻瓈眼'을 장치해 실험하고, '캄캄한 방에서 그림 보는 이야기'라는 '칠실관화설漆室觀畫說'을 쓰기도 했던 장본인이다.

다산 정약용 시대에는 안경이 수입되어 상당히 보급되었고, 조선 안경이 제작될 정도였다. 경주 남석으로 깎았다는 경주 남산의 수정 안경이 곧 조선 제품이다. 다산과 동시대 풍속화로 단원 김홍도를 따른 긍재兢齋 김득신金得臣, 1754~1822의 〈투전도〉에 서양 시계와 함께 안경을 쓴 인물이 등장한다. 노름하는 네 인물 중 한 사람이 끈으로 귀에 연결한 검은 뿔테 안경을 썼다. 그림으로 보면 양쪽 렌즈가 접이식인지 일자형인지 모호하다.

안경을 낀 얼굴의 초상화는 다산보다 60년 뒤 석지石芝 채용신蔡龍臣, 1850~1941이 1911년에 그린 〈황현黃玹 초상〉보물 제1494호에서 확인된다. 항일지사인 매천梅泉 황현黃玹, 1855~1910의 안경은 귀걸이까지 같은 뿔테로 발전해 있다. 〈투전도〉의 안경과 여의주 무늬 형태의 코걸이 장식은 유사하며 두 안경알이 일자형이다.

이 시절 안경은 근시보다 원시遠視의 노안용이었다. 독서와 세상을 시원스레 열어주고, 개안시켜 준 새로운 신문명의 도구였다. 그러나 조선 사회에서 안경 쓰기는 수입 초기부터 어른 앞에서 혹은 상급자나 임금 앞에서 금기로 여겼던 모양이다. 안경을 썼다가 예의에 어긋난 일로 혼쭐난 일화들이 상류층에 적지 않게 회자했다.

근자에 한 뉴스 방송 여성 앵커가 안경을 착용한 채 진행했던 일로 이목을 끌고 설왕설래했음을 볼 때, 우리 사회엔 그런 보수적 전통이 유지된 듯하다.

조선 후기로 내려오면, 안경은 눈을 위한 보안용으로 생활필수품이자 장식용으로 사랑을 받았다. 경제력과 권력의 상징이기도 했다. 안경테가 산양 뿔이나 거북 등껍질, 그리고 금은 같은 금속물 등으로 만들어지면서, 안경은 신분을 드러내고 부의 자랑거리일 만큼 고급 물건이었기 때문이다.

안경은 13세기 유럽 영국에서 돋보기로 발명되었다. 그 직후 중국에 전한 사람은 원나라 때인 13세기 말 마르코 폴로로 추정하며, 중국에서 안경을 본격적으로 쓰기 시작한 것은 명나라 선덕宣德, 1415~1435 연간부터라 한다. 한편 안경을 코에 걸고 끈을 연결해 사용하고, 두 렌즈 알의 사이를 접었다 폈다 하는 접이식 안경은 명나라 후기 16세기에 등장했다.

명나라식 안경은 김호석 화백이 그린 초상화의 안경과 비슷하다. 그림 속의 안경테는 거북 등껍질 대모玳瑁로 만든 것이고, 두 렌즈 알은 접이식에 끈으로 착용하게 되어 있다. 이 안경의 실물은 케이스가 함께 학봉 집안에 내려온 명대 유물이다. 학봉이 1577년 중국에 사신으로 다녀올 때, 북경에서 가져온 안경이라고 대대로 전한다. 조선시대에 가장 최초로 착용했던 안경인 셈이다.

학봉 김성일 초상화를 그리면서 김호석 화백이 이를 놓치지 않고 재해석해 안경 쓴 작품으로 한점 더 그린 것이다.

그런데 김 화백이 그린, 조선 선비의 초상화에 등장한 안경에는 유리알 너머의 눈이 보이지 않는다. 눈을 그려 넣지 않았다. 사람들은 그의 눈 표정을 읽지 못하지만, 그는 세상을 훤하게 뚫어 읽는 형국으로 표현한 것이다.

초상화의 안경은 마치 현대 색안경인 은색 밀러 선글라스와 닮아 있다. 이는 주로 햇빛이 강한 곳이나 항공용으로 착용한다. 상대방은 선글라스 안쪽의 두 눈을 볼 수 없지만, 안경 쓴 이는 상대를 시원스레 바라볼 수 있도록 제작한 기술이다.

안경은 안경을 쓴 당사자의 얼굴이다. 또 눈은 마음의 창이라 했다. 김호석 화백은 그 사람, 초상 인물의 속내 마음을 읽지 못하게 안경 유리창으로 비치는 눈을 그리지 않았다. 그리고 '눈부처'도 떠올린 모양이다.

김 화백이 주문을 받은 초상화 주인공 학봉 김성일의 마음, 그림 안경의 임자 김성일의 생각을 읽을 수 없다는 것일까. 〈우리는 무엇인가〉라는 작품 제목처럼 눈이 감춰진 안경 초상화의 깐깐한 조선 선비를 통해, 화가가 우리 사회에 무엇인가 메시지를 전하고픈 이미지일까. 나는 왜 그리 그렸는지 묻지 않았다.

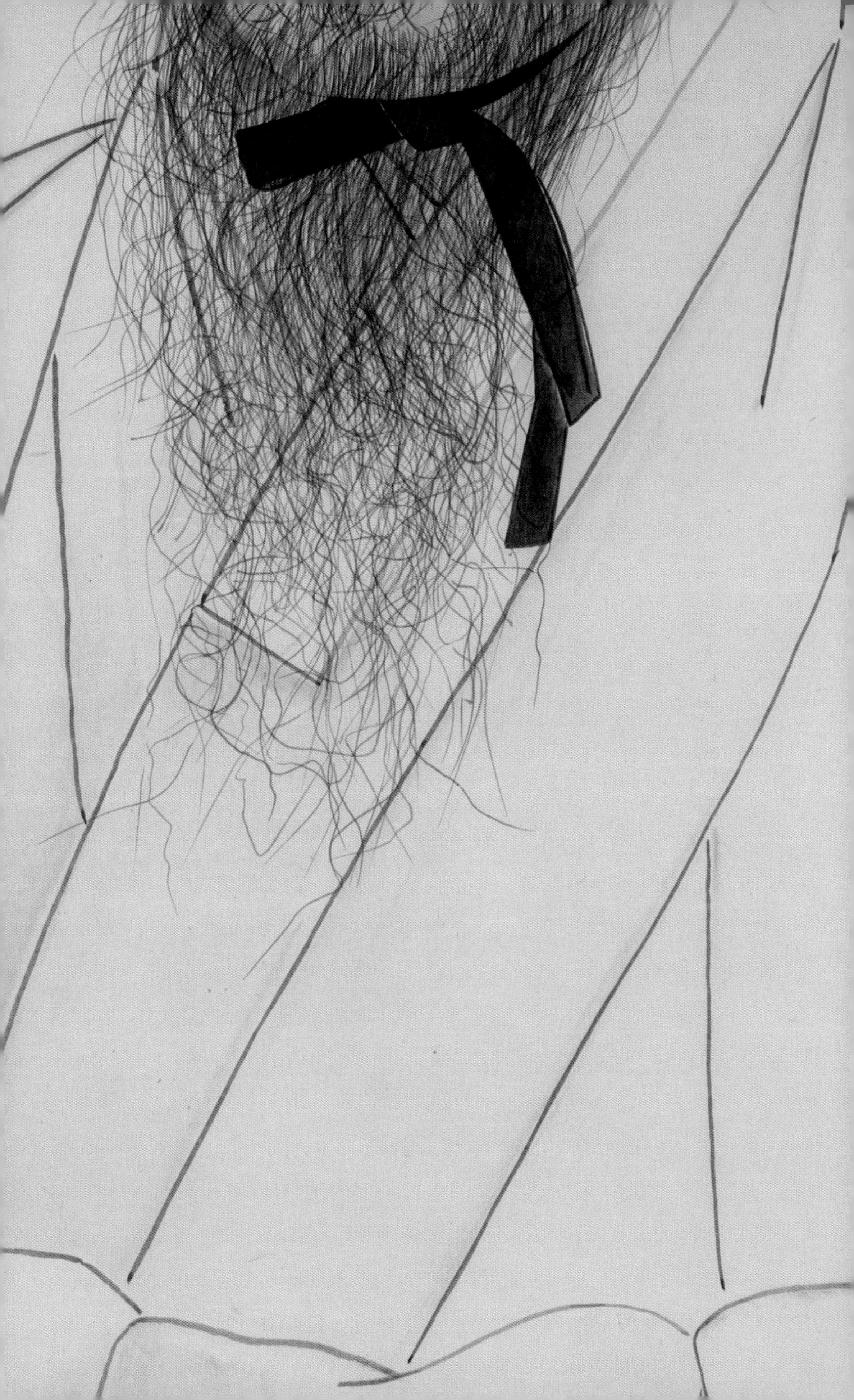

눈,

그리고 눈

이병호

온샘 주교

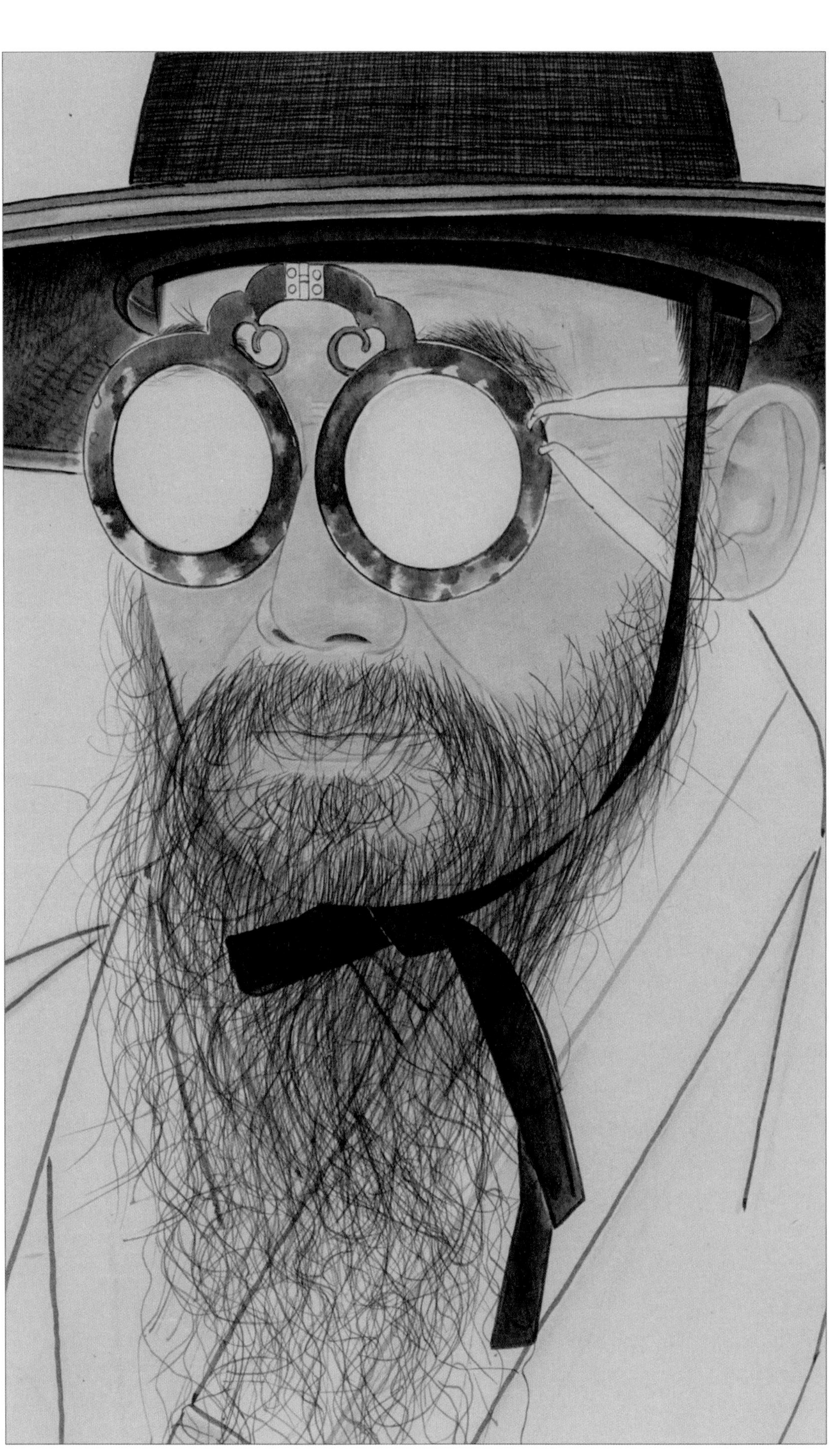

1

사람의 다섯 감각기관 가운데 인간에게 제일 어울리고 신비로운 것은 눈입니다. 사람은 대상을 볼 때, 보이는 것 그 너머를 보려는 본능을 지니고 있지요. 눈으로는 보고 정신으로는 그 너머를 꿈꾸는 것이 인간의 특성인 것 같습니다.

보이는 것만 보는 동물과 달리, 그 너머를 보고 싶어 하는 인간의 범상치 않은 경향. 사람이 지구 위에 발을 디디고 하늘을 향해 반듯이 서서 걷기 시작한 이래, 지금까지 이루어온 문명의 역사는 바로 이 별난 특성 위에 세워졌다고 할 수 있을 것입니다. 철학, 종교의 역사는 바로 그런 시도의 흔적이겠지요. 그런데 그것이 어찌 철학이나 종교처럼, 특정한 테두리에 묶을 수 있는 영역에서만 그렇겠습니까?

그것이 사람의 본성에 뿌리를 두고 있다면, 인간 치고 누가 예외라 할 수 있겠습니까? 오히려 어떤 울타리를 치고 특히 그런 과제를 화두로 삼아 살아가는 사람, 아니 그렇게 알려진 사람들 가운데에, 실제로는 그 쪽으로 뻗은 감각이 무디어지고, 흔히들 무지렁이라고들 하는 이들 가운데 그 놀라운 감각을 지닌 분들이 자주 눈에 띄는 것도 참 이상하지만 누구의 눈에나 잘 띄는 일이기도 하지요.

"호라시오야, 하늘과 땅에는 네 철학이 꿈도 꿀 수 없는 것들이 있단다."

셰익스피어가 이 말을 한 노파의 입에 올려놓은 것은 그 때문이지요.

2

그런 일이 왜 일어날까요? 그것이 머리의 문제가 아니라, 온 삶과 관련되기 때문이 아닐까요? 보이는 것, 물질세계, 오관으로 감지할 수 있는 것에 파묻혀 사는 동안에는 그 너머가 잘 보이지 않기 때문이지요. 별이 낮이라고 해서 없어진 것은 아닌데도, 강렬한 햇빛이 사라진 밤에만 보이는 이유와도 뿌리가 같지 않을까요. 물질, 권력, 명예, 쾌락-보이는 세계를 햇빛처럼 압도하는 이런 강렬한 힘에 눌려 있는 동안에는 그 너머를 가리키는 말이 헛소리처럼 느껴지지요. 오관으로 확인할 수 있는 자연과학의 세계와 달리, 사랑이니 정의니 진리니 하는 것들은 보고 만지고 객관적으로 검증할 수 있는 것이 아니지요. 그런데 노자께서 사람을 세 부류로 나눈 기준은 바로 그런 것이었습니다.

상질의 사람이 도를 들으면 열심히 행하고, 중질의 사람이 도를 들으면 얼마쯤은 간직하고 나머지는 버리며, 하질의 사람이 도를 들으면 크게 웃고 치운다. 그런 사람이 크게 웃을 정도가 아니면, 도가 되기에 부족하다.[上士聞道 勤而行之, 中士聞道 若存若亡, 下士聞道 大笑之, 不笑 不足以爲道](《도덕경》 41장)

3

자연–물질에 재갈을 물려 인간의 욕망에 봉사하게 하는 능력은 가히 현기증 날 정도가 된 세상입니다. 특히 인간의 눈이 볼 수 있는 한계를 극복하여 거대세계와 미시세계를 보아내는 능력은 놀랍습니다. '우주'라 하면 우리가 사는 땅과 바로 머리 위로 보이는 하늘만 생각하던 시절이 그리 먼 과거도 아니었지요. 그러다가 태양이 그 자리를 차지하고, 태양 정도의 별 수천억 개가 모여 이룬다는 우리 은하계가 뒤를 잇더니, 결국 우주에는 그런 은하계 수천억이나 있다는 사실을 인간이 밝혀낸 것은 허블을 비롯한 현대의 각종 우주 망원경 덕분이었습니다.

이제 그 기술은 달나라에 찍힌 인간의 발자국을 땅에서 선명하게 보고, 파리에서 지구 반대편 뉴욕의 신문을 읽을 수 있게 되었다고 합니다. 아인슈타인의 예측에 따라 상상만 했던 블랙홀의 실체를 찍은 사진이 2019년 4월 10일 09시 14분에 전 세계 인류의 눈앞에 소개되었습니다.

극미세계 쪽으로 눈길을 돌려도 놀랍기는 마찬가지입니다. 분자 하나를 사진으로 찍어 보니 우리가 톱니바퀴와 회전자, 그리고 그 힘의 전달 장치를 조합하여 만드는 기계와 꼭 닮아 있음을 발견했다지요. 분자, 원자, 전자 등 미시세계의 움직임을 포착하기 위해 시간을 10억 분의 1초로, 나아가 천조 분의 1초로 쪼개어 찍는 카메라가 이미 완성되어 있는데, 다음은 그것을 다시 1,000분의 1에 이르는 작은 조각으로 나누어, 전자의 움직임까지 들여다 볼 수 있는 기술도 완성 시점을 바로 앞두고 있다고 하니 참으로 놀라운 일입니다.

과학의 이런 발전은 오늘날 태양빛처럼 눈이 부셔서, 머리 위에서 반짝이는 별을 보며 깊은 신비감 속으로 빠져들었다던 칸트의 시대가 오히려 순진했다는 생각마저 듭니다. 여기에 인공지능 쪽의 발전을 더하면, 인간과 기계의 차이가 무엇인지조차 아리송해지고, 그래서 자신이 만든 것 앞에 인간 스스로가 섬뜩한 두려움마저 느끼는 세상이 되었습니다.

전통적으로 인간의 어떤 눈을 멀게 하는 돈, 권력, 명예, 쾌락에 덧붙여, 오늘날은 과학까지 그 대열에 서게 된 형국이지요. 이런 때, 인간이 자신의 모태이며 어머니인 자연환경을 무서운 속도로 파괴하고 있는 모습, 그 결과의 극히 작은 부분일 뿐인 미세먼지의 역습 하나만을 정면으로 보고 보아도, 이제 우리의 두려움은 구체적인 현실로 눈앞에 와 있고, 코를 통해서 온 몸으로 퍼져가고 있는 현실이 새삼 큰 무게로 다가옵니다.

지구의 역사 전체에서, 인간이 자연환경을 크게 바꾸기 시작한 기간인 '홀로세holocene'가 이제 마감 단계에 이르고, 인류가 생태계를 급격히 파괴하는 '인류세anthropocene'에 접어들었다는 전문가들의 말이 전혀 과장으로 들리지 않습니다. 이럴 때, 몸의 눈뿐만 아니라 마음의 눈도 함께 가지고 있는 우리 인간은 무엇을 볼 것인가!

4

오스트리아와 헝가리가 하나의 제국을 이루고 있던 시절, 그 제국 전체에서 두 번째 재벌가에서 태어나, 항공기 제작 기술 분야에서 대학 과정을 밟다가, 뒤늦게 철학에 눈이 뜨여, 당대 최고의 철학자로 알려진 버트런드 러셀에게서 배운 비트겐슈타인1889~1951이 생각납니다. 배웠다고 했지만, 그 밑에서 몇 개월을 공부하고 나니, 그 이상 배울 것이 없게 되고, 그 때부터는 오히려 역할이 바뀌어, 러셀이 어디에서 철학적 주제에 관해 발표할 기회가 되면, 미리 원고를 작성해서 그 젊은이에게 검토하게 하고, 그가 고개를 끄떡여야만 안심했다고 하지요.

비트겐슈타인에게는 철학이 머리로만 할 수 있는 게 아니라 삶 전체의 문제였습니다. 그래서일까. 오스트리아-헝가리 제국에서 두 번째 재벌이었던 아버지로부터 받은 엄청난 유산을 시인 릴케 등 문화계의 가난한 인재들과 가족에게 다 나누어 주고, 케임브리지 대학교의 교수직도 그만둔 채, 병원에서 허드렛일을 하거나, 교원 양성 과정을 정식으로 밟아 초등학교 교사가 되어 깊은 산골의 어린이들을 가르쳐서 번 돈으로 생활했다지요.

멀리서 볼 때에는 대단할 것 같던 동료 교수들이, 실제로 대해보니 인간이 머리로 이해할 수 없는 세계에 관해서는 전혀 무지하면서도, 자기가 아는 것이 모두인 양 젠체하는 것을 보고 실망했습니다.

"제가 아직 사람이 아닌데 어떻게 논리학을 할 수 있겠습니까?"

그가 스승에게 보낸 편지에서 한 말입니다. 그는 또 "과학자들이 지배하는 세상에서 위대한 인간성은 삶의 주류에서 아무런 자리를 찾을 수 없고, 고독 속으로 빠지도록 강요된다."고도 말했습니다. 과학자가 자기 영역의 한계를 알고 그 안에서 성실히 연구한다면 인류에게 큰 공헌을 할 수 있지만, 그 경계가 어디인지도 모른 채, 인간 문제 전 영역을 '지배'하려 들면, 그때부터는 사람들을 혼란에 빠트리게 되지요. 그런 체험을 거쳐서 그가 우리 시대 사람들에게 주는 권고를 알아듣기 쉽게 약간 손질해서 들어봅니다.

"똑똑함이라는 높은 지대에 머물러 있지 마라. 거기는 산소가 부족하고 숨이 막힌다. 우둔함과 평범함이라는 낮은 지대로 내려와라. 거기에는 신선한 공기가 가득히 흐르고, 푸른 초원과 아름다운 꽃이 만발해 있다."

조국에 전쟁이 나자 비트겐슈타인은 바로 다음 날 지원 입대하여, 가장 위험한 곳을 자청했다가, 거의 1년 동안의 포로 생활을 포함하여 만 5년을 군인으로 살기도 했습니다. 생전에 출판한 것이라고는 산골 아이들을 위해서 쓴 《초등학생을 위한 사전》을 제외하면, 철학 관련 저서치고는 약 70쪽 분량의 《논리-철학 논고》뿐이었는데, 그만한 길이의 글마저 그의 생각에는 대부분이 마지막 장을 위한 서론이었고, 그 유명한 마지막 장은 단 한 문장으로 이렇게 되어 있지요.

"말할 수 없는 것에 대해서는 침묵하고 넘어가라."

말할 수 없는 것, 신비를 느낄 수 있는 감각이 아니고서는 접할 수 없는 영역이야말로, 그 천재가 보기에, 인간의 품위에 가장 걸맞은 것이었습니다. 그것을 놓치면, 이미 사람이라 할 수 없는 것이었지요. 아인슈타인의 표현을 빌자면, 기껏해야 '머리만 좋은 바보'가 되는 것입니다.

5

이 지점부터는 모든 표현 시도가 부질없습니다. '도'를 도라고 '말'로 표현하는 순간 당신은 그것을 놓친다. 그것을 어떤 '개념'으로 붙잡으려 들면 그것은 그 올가미를 빠져나간다.[道可道 非常道, 名可名 非常名]

6

그림은 '조형예술'이라는 말 그대로, 눈으로 보며 감지하게 하는 예술 분야입니다. 사람들은 작품을 보며, 작가가 보여주고 싶어 하는 것, 아니 때로는 그것과도 상관없이, 각자 나름대로 거기서 무언가를 보아내며 특유한 기쁨이나 의미를 길어냅니다. 공간예술인 미술, 시간예술인 음악, 시나 기타 여러 종류의 문학작품 등 인간 정신에 뿌리를 두는 모든 표현들은, 작가의 손을 벗어나는 순간, 새로 태어난 아기가 성장해서 부모의 품을 떠났을 때처럼, 그 나름의 제 발로 서서 걸어가는 삶을 시작하지요. 언제 어디에서 누구를 만나 어떤 일이 벌어질지는 아무도 모르는 것입니다.

그런데 비트겐슈타인이 보기에 한 가지만은 확실합니다. 그의 생각에 부도덕한 예술은 예술의 부정이었습니다. 인간을 고양시키고 더 키워주는 기능을 할 때에만 예술은 본래의 기능을 하는 것입니다. 그가 살던 시대, 그 지역에서 가장 유명한 화가였고, 지금까지도 미술사에서 잘 알려진 클림트는 비트겐슈타인의 셋째 누나인 마르가레테의 초상을 그렸는데, 그것을 그린 화가 자신은 당시 그 사회에 만연했던 퇴폐풍조 속에 깊이 잠겨 살았던 것으로 알려져 있지요. 비트겐슈타인이 예술을 도덕과 연결해서 보는 데에는, 당시의 그런 상황도 한몫 했겠지만, 어느 시대 어느 곳에서나 진정한 예술이라면 그런 기준에 어울리는 것이어야 한다는 사실에는 변함이 없습니다.

7

바로 이런 배경에서 볼 때, 수묵화가 김호석의 그림은 보는 이의 정신 속에 잠들어 있던 어떤 것을 일깨워 큰 파동을 일으킵니다. 한지의 역사를 철저히 연구하여 끊어졌던 전통까지 되살려서 얻은 종이, 쥐의 수염으로 만든다는 붓, 그리고 수백 년 된 중국의 먹을 어떻게든 구해서 쓴다는 화백의 자세는, 이런 세세한 이야기를 듣지 않아도 작품 속에서 그대로 드러납니다. 한지 특유의 성질 때문에, 서양화와는 달리, 붓놀림에서 단 한 줄의 실수도 용서하지 않는 수묵화에서, 우선 기술의 측면에서만 보아도 더 나아갈 여지가 거의 없을 것 같은 완성도는 숨이 막힙니다.

그러나 이것은 단지 밖에서 볼 때 받는 인상일 뿐이고, 그림의 소재나 장면, 우리 삶에서 너무도 흔해 아무도 따로 관심을 기울이지 않거나, 애써 외면하는 순간을 포착하는 그의 눈길은 가히 도인의 경지입니다. 그리고 바로 이 점에서 화백의 작품은 단순히 그림에서 끝나지 않습니다. 발길을 돌려 떠나가도 어떤 혼 같은 것이 계속 따라오는 것입니다. 그리고 이것은 한 인간의 당대 노력만으로는 될 것 같지 않다는 느낌을 줍니다.

과연 김호석 화백 속에는 선대의 정신이 그대로 살아 흐르고 있습니다. 선비정신—지금까지 귀로만 들었던 이 말이 살과 피를 가진 한 인간의 모습으로 나타난 것 같습니다. 화백의 고조부이신 김영상 어른께서는 일제강점기 명성황후 시해 사건으로 분노한 국민의 마음을 달래기 위해 국내의 이름 있는 유학자 100여 명에게 천황의 이름으로 '노인 은사금'이라는 것을 내리자, 그 더러운 돈을 받을 수 없다며, 그것을 전달하러 온 순사 앞에서 일왕의 도장이 찍힌 은사금 증서를 찢어서 입에 넣어 씹어 삼켰답니다. 그리고 이 일로 천황 모독죄라는 것을 얻어 군산감옥으로 압송되는 길에 만

경강 신창 나루 근처에서 입고 있던 의대에 절명사를 남기고 강물에 뛰어들었답니다.

고종황제의 어진을 그렸던 채용신은 이 장면을 잡아 그림으로 나타냈고, 김호석은 아주 어린 시절부터 할아버지의 손을 잡고 사당에 가서, 거기 모셔진 그 그림을 보며 자라났다고 합니다. 또 그 그림을 그린 채용신이 오랫동안 집에 와 머물며 작업하는 모습을 지켜보셨던 할아버지가 그 이야기를 해 주시며, 손자가 그림에 관심을 보이자 적극 후원해 주셨다지요. 화백이 자신의 그림을 두고 입버릇처럼 '할아버지의 유산'이라고 하는 데에는 그런 뒷이야기가 있지요.

외세에 나라를 잃었던 암울한 시대에 민족혼을 살리기 위해 우리나라 역사, 인물, 풍속 등으로 엮어 《대동천자문》을 지으신 할아버지와 함께 사당에 가서, 어린 소년이 선조의 뜨거운 피가 폭발하는 현장을 사진보다 더 절실하게 표현한 그림을 보며 느꼈을 감정이 어떠했을지, 그 나이를 통과한 사람으로서는 짐작하기 어렵지 않습니다. 더구나 바로 그 화가가 자신의 집에 오래 머물며 작업했다는 이야기를 들으며, 자기도 그런 화가가 되겠다는 꿈을 키우는 한 소년의 이야기는, 그 나이에 누구를 만나는가에 따라 삶의 방향이 결정된 수많은 위인들의 전형 그대로입니다.

8

소명—그것이 철학, 과학, 종교, 예술, 정치, 사회 그 어느 분야건, 그 나이에 그렇게 시작된 길이라면, 그것은 천명天命이 아닐 수 없습니다. 자신이 하는 일을 하늘의 뜻으로 알고 매진하는 사람, 그 길이 죽음이든 삶이든, 명예를 가져다주든 치욕을 안겨주든, 남이 알아주건 말건, 아무 상관없이, 거기에 목숨을 다하고 생각을 다하고 힘을 다하는 사람은 행복한 사람입니다. 그런 사람은 이 세상을 일으키고, 사람 사는 동네답게 만들고, 참된 의미의 행복이 무엇인지를 가르쳐주는 사람입니다. 자기가 누구인지도 모른 채, 천명과도 상관없이, 그저 남이 좋다니 따라가고, 제 한 몸 입신하고 출세하는 길인 줄만 알고 덤벼들어, 자기도 남도 망치는 사람들과는 전혀 다른 세상을 사는 사람이지요.

김호석 화백은 아주 어린 나이 때부터 고조부님을 그린 그림을 보며 그분이 남기신 글 속에 서린 정신을 빨아들였습니다.

"의義가 있는 곳은 죽음 또한 삶이다. 이제 내가 죽어도 다시 어찌 한탄하리오. 다만 국가가 전복되고, 유도儒道는 어두워지고, 백성은 모두 죽고, 오랑캐가 횡행하고, 난신적자亂臣賊子들이 서로 발자취를 이으니, 분기한 사람들은 가장 한스러워 할 것이요, 그리하여 굴종함이 대세이나, 뜻을 폄은 의로움이다."

그에게 그림은 그 의로움을 찾는 방편이었습니다. 고등학교 시절 같은 반에서 함께 그림을 공부해서 지금 화가의 길을 걷고 있는 동료 한 분을 만난 적이 있습니다. 그분의 말씀에 따르면, 그때부터 이미 김호석은 화판 앞에 앉아 있는 자세부터가 다른 동료들과는 전혀 달랐다고 합니다. 그림을 그린다기보다 가부좌하고 깊은 명상에 잠기거나 대상을 완전히 제압해서 자신이 꿈꾸는 세계 속으로 끌어들여, 전혀 다른 모습으로 바꾸기라도 할 듯한 풍모를 느낄 수 있었다고 했습니다. 지금 그의 작품을 보면 쉽게 짐작이 가는 일입니다.

그림이라는 언어를 통해서 세상을 나름대로 해석하고, 시대의 아픔에서부터 한 가정의 일상에 이르기까지, 사람들이 지나칠 법한 일들에 머물러 깊은 시선으로 새로운 의미를 짚어내는 화백에게는, 기량을 연마해 온 세월이 그대로 도를 천착해 온 시간이었음을 보는 이는 마음속 깊이 느낍니다. 그와 함께 삶을 어떻게 대해야 하는지를 다시 생각하게 되지요.

9

그런 삶의 절정기라 할 지금에 이르러, 이 작가는 그림 한 장을 들고 오늘 우리 앞에 나타났습니다. 물질-보고, 만지고, 맛보고, 듣고, 보는 것에 취해서, 흔히 그 너머를 잊고 사는 우리에게 화두를 던지고 있습니다.

눈이 있을 자리
그 빈 공간이 저토록 꽉 찬 적이 있었던가!
그 하양이 저토록 꿰뚫는 데가 있었던가!
입, 수염, 도포의 어깨 선, 쓰고 있는 갓,
안을 채우는 힘이 겉에서 드러나고,
검은 것들이 점점 안경테를 이루어 지켜주는
그 빈 곳에서 태초의 질서가 다시 피어나는 듯.

블랙홀 뒤에 있고, 하는 일도 정반대라는,
찾기는 쉽지 않겠지만
인간의 상상력은 마침내 가 닿는 지점.
온갖 쓰레기,
혼돈을 품어 다시 애초의 모습으로 돌려서 내놓는다는
'화이트홀'
그것이 있다면 저런 모습이 아닐까?

사람은 본래 우주가 시선을 꺾어 자기 자신을 바라보고,
그 너머를 꿰뚫어 보는
'눈'임에랴.

10

안팎을 한꺼번에 볼 수 있는 인간의 눈, 그리고 그 바깥눈의 시력을 거의 무한대로 확장시켜 주는 망원경과 현미경. 이 둘 사이의 차이가 어디에 있을까? 기계는 인간의 시력을 상상할 수 없이 확대해 주지만, 그것은 앞에 있는 것, 대상물만을 볼 수 있을 뿐, 시선을 자기 자신 쪽으로 꺾지는 못합니다. 시간과 공간이라는 테두리 안에 있는 것만 볼 뿐, 그 너머는 볼 수 없습니다. 인간만이 시선을 꺾어 자신을 보고, 물질계 그 너머의 세계를 꿰뚫지요.

인간 특유의 눈으로 보면 이 거대한 우주에서 가장 놀라운 것, 신비스런 존재는 수백억 광년 저쪽에 있는 것도, 극미세계에 깊이 숨어 있는 것도 아닙니다. 이 우주에서 가장 신비스럽고 놀라운 존재는 바로 옆에 있습니다. 어린 자식의 귓밥을 파주기 위해서 온 정신을 집중하고 있는 엄마의 시선, 남녀 꼬마가 서로에게서 느끼는 호기심, 그렇게 시작해서 혼자서는 살 수 없음을 체험하고, 점점 사람이 되어 가기 위해서도 상호관계가 목숨처럼 소중하다는 사실을 세월과 함께 더 깊이 깨달아가는 일. '웬수' '웬수' 해도, 삶은 그 질긴 끈 때문에 아름답고 행복하고 보람 있음을 체험하는 일. 살과 피를 나눈 사이뿐 아니라, 한 사회, 한 나라, 세계 인류 전체로 테두리를 넓혀도 그 이치는 조금도 바뀌지 않는다는 것.

11

눈. 인간의 눈–자칫 나, 내 가족, 내 친구, 내 집단까지만 보고, 그 너머는 보지 못할 수도 있는.

하늘의 눈–모든 사람들에게 똑같이 햇빛을 보내고, 똑같이 비를 내려주고 있는.

사람 속에 있는 하늘–그 하늘의 눈으로 자신, 그리고 남을 바라보면, 우리 모두는 어둡고, 춥고, 거의 무한히 펼쳐진 우주 공간에서 어디로 가는지도 모른 채, 외로운 배처럼, 있음과 없음 사이를 위험스럽게 헤치며 떠가는 '창백하게 푸른 점'을 함께 타고 가는 공동운명체임을 눈으로 확인한 첫 세대.

12

'우주시대'의 지구인으로서 지금 나와 우리는 어떤 눈으로 무엇을 보고 있는가?

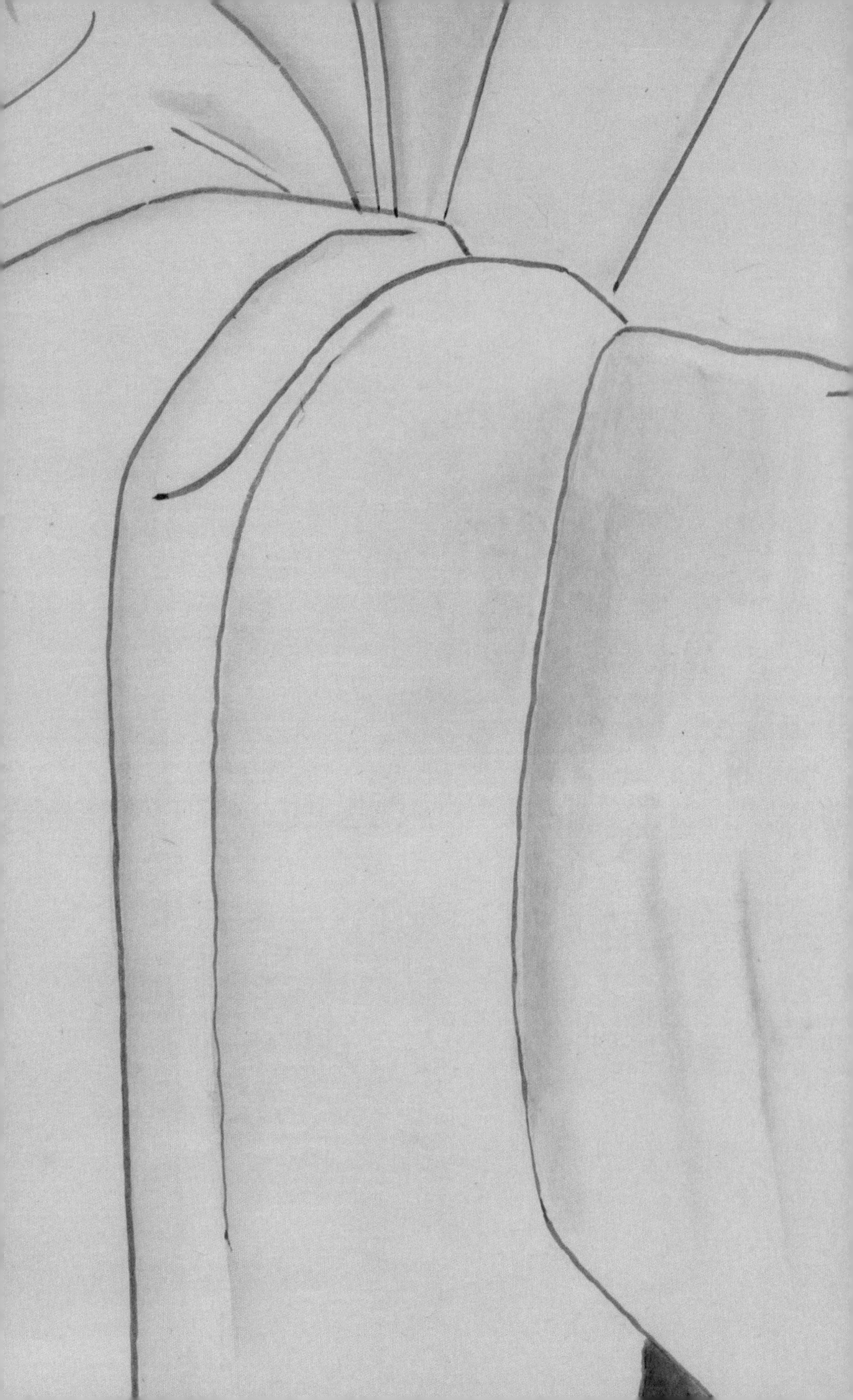

김호석 화백
〈눈부처〉

변영섭

전 문화재청장

놀랍다.

도무지 신기하다.

실로 신선한 이 충격은 어디서 오는가.

김 화백 걸작 눈부처,

“인생 걸작”이다.

가히 ‘일격逸格－신필神筆’이라 할만하다.

파격이다.

파격이되 파격을 넘지 않은 일격逸格!

절제된 파격이다.

화격畫格이 종심소욕불유구從心所欲不踰矩 경지에 들었는가.

장난기가 슬쩍 스며 있다.

그는 그만큼 신통한 여유를 누리는가.

눈이 창窓이요, 인물화 핵심이 눈이건만
그리지 않았다.
그린 것보다 강렬한 여백의 울림!
빛이 나서 눈부신 안경,
도리어 세상을 보고 또 비추는 창이요 '거울'이구나.
눈을 그려 한정 짓는 차원을 떨쳐버리고
온 세상을 희한한 '거울'로 보고 비추는
넓디넓은 상상의 눈, 보편 안목을 그려내었다.

'인간은 향상하는 존재'이고
그러기에 '인생은 학교'이며
바깥세상은 하나같이 우리 내면을 성숙시키는 교과서요
'거울'이라는 이치이다.
혹여 김 화백이 의도하고
'안경 거울'을 그려내려고 한 것인가 하여 희한하다.

일생 갈고 닦은 필묵 솜씨
절묘하게 살아 움직인다.
시공時空을 뛰어넘은 기운생동氣韻生動을 담았다.

파격을 일격逸格으로 이끈 능숙하고 정련된 기량이 빛난다.
자유자재한 그의
환幻 치는 재능과 내공
독야청청獨也靑靑 고수高手이다.

맑디맑은 필묵!

낭창낭창한 필筆과 묵墨!

독보적이다.

정녕 정밀함을 바탕으로 밀도 높은 일격을 이룰 수 있었다.

보탤 것도 뺄 것도 없이 화폭 가득한 탄탄함,

예술과 인생을 꿰뚫으려는 진실한 노력의 결실이 아닌가.

고전을 입은 현대를 그려내었다.

화폭 가득 생명력이 일렁이고

보는 사람 가슴에

깊고도 긴 울림이 출렁인다.

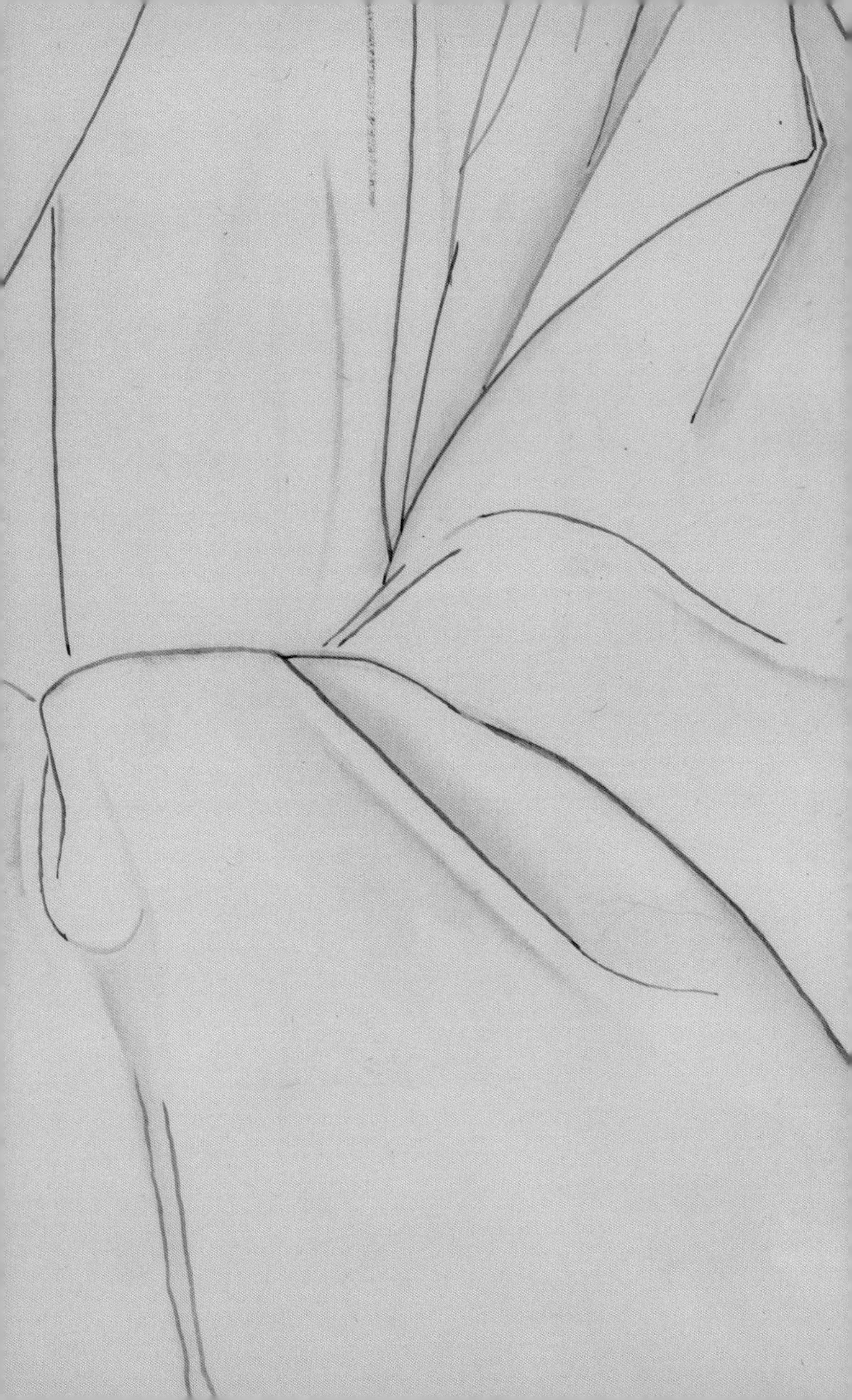

학봉 선생 영정에 색깔 뺀 선글라스를 씌우다

원철 스님

조계종 불교사회연구소장

안경 쓴 옛 초상화를 처음 대한 것은 매천 황현1855~1910 선생 영정이다. 전남 구례의 지리산 입구에 있는 사당 매천사梅泉祠에 봉안된 것이다. 안경 너머 쏘는 듯한 눈빛 안에 가려진 서늘함이 함께 하는 이 그림은 상상화가 아니었다. 이미 그 영정의 모본이 된 사진이 있기 때문이다. 한일합방 1년 전 1909년 천연당天然堂 사진관에서 찍은 것이라고 했다. 그 사진관 주인은 서예가 화가로 유명한 해강 김규진1868~1933 선생이다. 일본에서 사진기술을 익힌 뒤 40세 되던 해 서울 소공동에서 1907년 개업하여 1915년까지 운영했다고 한다. 고종 임금 어진도 촬영할 만큼 전문성을 인정받았고 장안에서 큰 인기를 누렸지만 손익계산에는 그리 밝지 못했던 모양이다.

황현 선생의 사진은 두루마기를 입고 갓을 쓴 뒤 의자에 앉아 부채를 들고 책을 펼쳐 든 모습이다. 영정사진이 될 것을 염두에 두고 미리 찍어둔 것이리라. "동그란 안경 너머 생각에 잠긴 듯 앞쪽을 정시하는 시선과 비통함을 참는 듯 살짝 다문 입술은 보는 이로 하여금 절로 옷깃을 여미고 숙연한 분위기에 젖게 한다."조선미, 《한국의 초상화》는 감상 후기에 '공감!'이란 댓글을 보탰다. 촬영을 마친 이듬해 1910년 그는 망국의 한을 안고 "가을 등불아래 책 덮고 옛일을 돌이키니 글 아는 사람 노릇하기가 어렵다."는 절명시를 남기고 자진自盡했다.

그로부터 일 년 뒤 1911년 영정이 제작되었다. 두루마기일상생활복가 아니라 심의深衣, 예복를 입혔고 갓실외용은 화려한 정자관程子冠, 실내용으로 바꾸었으며 의자는 돗자리로 대치했다. 둥글고 소박한 뿔테안경과 책 그리고 부채는 사진을 그대로 반영했다. 그린 화가는 조선왕조의 마지막 어진화가 채용신蔡龍臣, 1850~1941이다. 고종 임금 흥선대원군 등 왕가 어진은 물론 항일의병운동을 한 최익현 등 기개 있는 선비 영정도 그렸다. 황현 영정 제작도 그 연장선상으로 보인다. 그가 그린 영정 세 점은 뒷날 대한민국의 보물로 지정되었다. 그의 초상화는 기록화에 그친 것이 아니라 예술의 경지까지 올랐다는 평가를 받았기 때문이다.

안경은 임진란 전후에 조선에 들어왔다. 네 명의 임금이 안경을 사용했다고 한다. 하지만 임금도 꼭 써야 할 때를 제외하고는 착용하지 않았다. 사용할 때보다 보관할 때가 더 많은 물건인지라 안경집도 덩달아 정교해졌다. 영조는 사도세자의 안경 착용조차 '불경不敬함'을 이유로 반대했다. 안경을 쓰고 고종을 알현한 일본공사를 보고는 "이 자가 조선을 얕보는구나. 내 앞에서 어찌 감히."라고 할 만큼 안경이란 그렇고 그런 물건이었다. 황현 역시 《매천야록》에서 "서재필이 고종을 알현하는 자리에 안경을 쓰고 나타나 …… 조정이 온통 분노했다."고 기록했다. 어찌 그때뿐이랴. 대한민국시대 1970년대 무렵까지도 스님들이 다른 사찰로 몸을 옮길 때 그 절에서 안경을 써도 괜찮은지 기존 대중들의 허락을 받은 후에야 비로소 안경을 쓸 수 있었다고 한다.

우리나라에 현존하는 가장 오래된 안경은 학봉 김성일1538~1593 선생이 착용했다는 안경이다. 대모갑玳瑁甲, 바다거북 등껍질으로 테를 만든 매우 고급 안경이다. 장수를 상징하며 재질이 단단하고 또 구하기가 어려운지라 고관대작과 부자만이 소유가 가능했다. 어찌 보면 이 안경이야말로 당신을 대변해 주는 또 다른 상징물이리라. 선생은 선조 임금의 명으로 1576년 명나라와 1590년 일본을 다녀왔다. 그 무렵 안경이란 물건을 손에 넣었을 것이다. 피나무로 만든 안경집까지 완벽하게 남아있다.

그는 참으로 미스터리한 인물이다. 퇴계1502~1571 선생의 학풍을 이어받은 당대 최고의 도학자이며 대궐에 있을 때는 임금에게도 직언을 서슴지 않았던 호랑이였다. 사신으로 일본을 다녀온 뒤 '조선 침략 가능성이 없다'는 허위보고를 하고도 살아남았으며, 임진란이 발발하자 의병을 모집하는 일에 최선을 다했다. 이런 다양한 그의 모습을 한 마디로 규정한다는 것은 어불성설이다.

조선 말 궁중화가 채용신은 황현 사진이 남아있어 그것을 통해 영정을 그릴 수 있었다. 하지만 김호석 화백은 얼굴도 알 수 없는 오백 년 전의 인물인 학봉 선생의 영정을 그려달라는 부탁을 후손에게 받았다. 그야말로 대략난감이다. 그렇다고 해서 선화禪畵처럼 백지족자를 내놓을 수도 없는 일이다. 후손들의 모습을 통해 조상의 모습을 추적하고, 남아있는 문집과 각종 문헌을 통해 그의 우렁우렁한 성격과 기골이 장대한 모습을 구현하는 것은 그리 어려운 일은 아니었다. 하지만 그 복잡다단한 이력을 가진 그의 내면세계까지 그림으로 옮겨낸다는 것은 난제 중에 난제였다. 그때 안경을 발견했다. 그래. 바로 저거야! 안경을 씌웠다. 그리고 눈동자를 그리지 않았다. 그대로 색깔 없는 선글라스가 된 것이다. 도무지 그의 심중을 헤아릴 길 없는 모습을 재현하는 데 비로소 성공한 것이다.

채용신이 어진화가에서 선비화가로 영역을 넓혔듯이 김호석 화백도 어진화가노무현 대통령 고승화가법정 스님 등로 활약하면서 틈나는 대로 집안의 할아버지 아버지 모습을 통해 꼬장꼬장한 선비 모습까지 그렸다. 마지막은 자신의 자화상으로 그 계보를 이었다. 하지만 그의 성정으로 보건대 언젠가 그의 아들도 그 선비 계열에 줄을 세우리라.

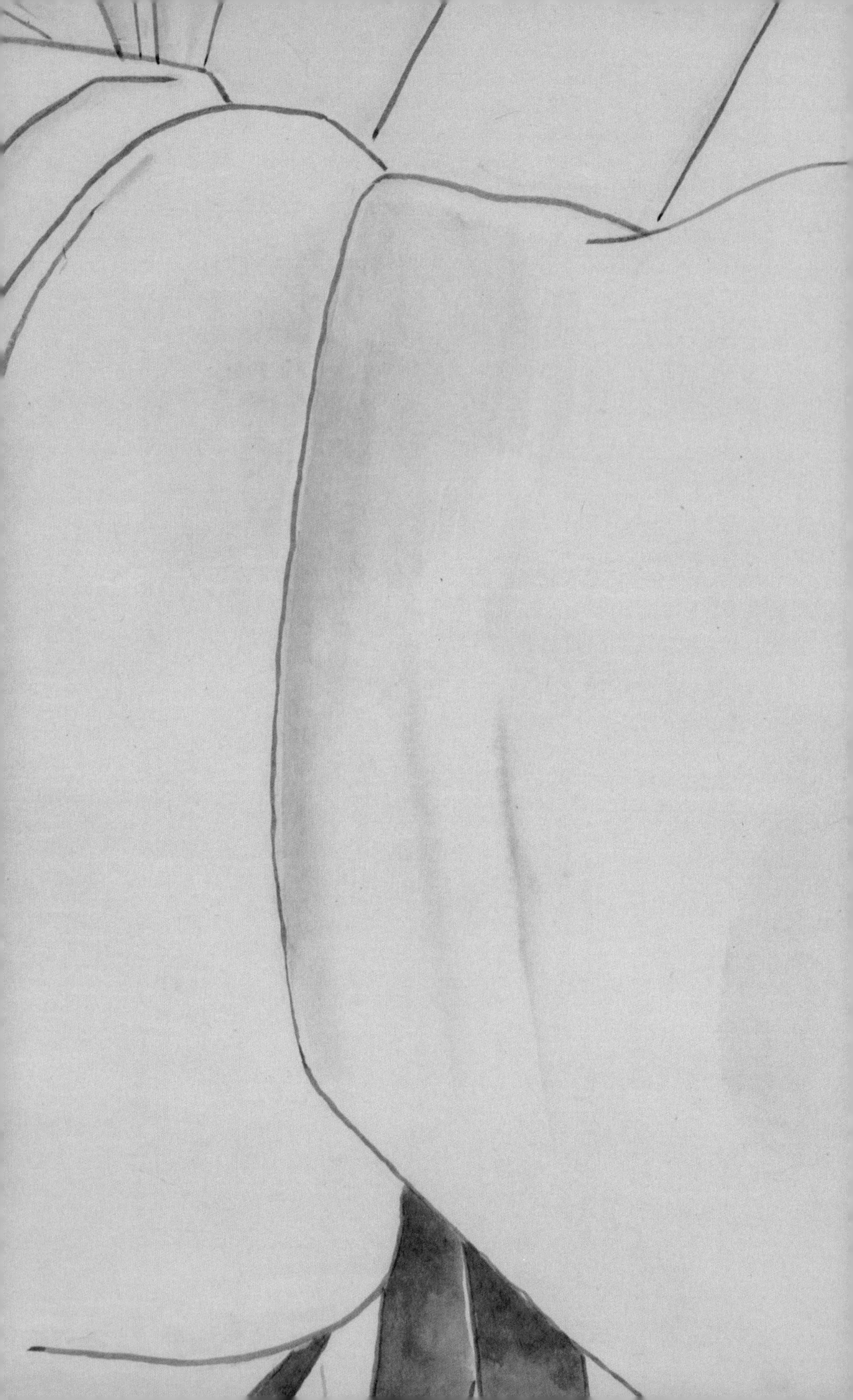

회광반조(廻光返照) 또는... ?

일감 스님

전 불교문화재연구소 소장

이 그림 앞에 입을 열기 어렵다.
부끄러움을 더할 뿐이다.
자비를 베풀기 바란다.

그를 올려다본다. 그의 얼굴을 본다.
없다. 그가 없다.

두 손을 앞에 모으고, 갓끈을 당겨 맸다.
정제된 의관衣冠으로 무겁게 서있다.

꽉 다문 입, 호기롭고 자유로운 한 터럭의 수염까지도
야무지게 거기 있다.
하지만 그가 안 보인다. 눈을 다시 뜨고 봐도 그가 안 보인다.
만지면 잡힐 듯 서 있어도 그가 없다.

그가 있어도 없다.

왜?

그와 눈을 마주치지 못했기 때문이다.
안경 너머 있어야 할 그의 눈이 안 보인다.
그의 눈을 아무리 찾아도 없다.

길을 잃었다.
안개를 만난 것도 아니고, 낭떠러지를 만난 것도 아니다.

강을 건너면 뗏목은 놓고 가라는 말은 들었다만, 뗏목은 놔두고,
강 건너기 전에 왜 길을 나섰는지? 그것도 잊어 버렸다.

두 발이 땅에 붙어 버렸다.
앞이 캄캄하다. 어지럽다. 땅이 빙빙 돈다.
현기증에 쓰러진다.
머리가 땅에 부딪혀 깨진다.

에라… 놔 버린다. 다 놔 버린다.

눈을 감는다.
아무것도 안 보인다.
암흑 속에 눈을 감을 일도 없어진다.

일 없는 알아차림이 있을 뿐이다.

하늘의 보살핌인가!

한 줄기 빛이 번쩍 한다.

그제서야 보인다.
그의 눈이 보인다. 눈 없는 눈이 보인다.

내가 그를 보듯, 그도 나를 보고 있는 줄 알아차린다.
오래전부터 거기 서서 내 눈뜨기를 기다리고 있는 줄 몰랐다.
내 힘들고, 잘난 줄만 알았지,
"너 지금, 거기서 뭐하냐? 눈 뜨고 있냐?"
그가 묻고 있는 줄은 몰랐다.

눈물이 짜고 맵다.

그의 눈은 눈이 없는 눈이다.
그의 눈은 눈이 아닌 눈이고, 있고 없고를 넘어서는 눈이다.

내 것, 너의 것이 없는 눈이다.
이쪽 저쪽, 내편 네편이 없는 눈이다.
옳고 그름을 넘어서 있고, 세월의 구애를 받지 않는 눈이다.

그는 진즉, 눈알을 던져 버렸지만,
천지사방에 가득한 그의 눈을 피할 수 없다.
시공時空을 묻지 않고, 생멸生滅을 차버렸다.

회광반조廻光返照다.

화백畫伯이 참 고약하다.
쓰잘데기 없는 안경眼鏡으로 괜한 사람들 눈멀게 하고
눈썹하나 까딱하지 않는다.

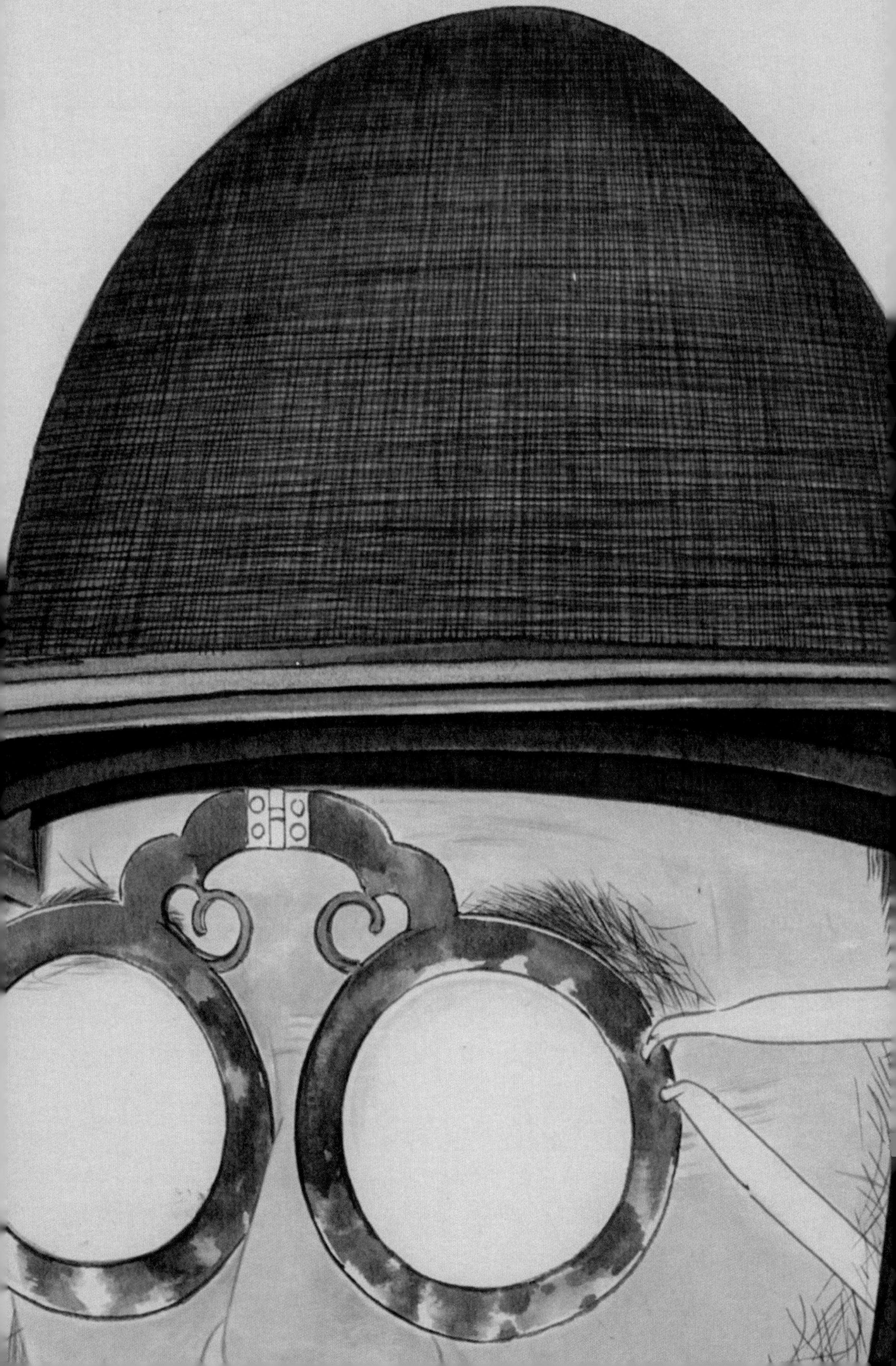

나는
무엇인가?

김성동

소설가

나는 사람인가?

두 알 눈과 두 쪽 귀와 하나 코와 하나 입과 하나 혀와 두 짝 팔과 두 짝 다리와 그리고 지어 보기 싫게 불쑥 튀어나온 앞부끄리와 붓으로 콕 찍은 듯 쏙 들어간 뒷부끄리까지를 한 몸뚱이 속에 갖추고 있다 해서 나는 사람일 수가 있는 것인가?

때가 되면 밥을 먹고 때가 되면 잠을 자고 때가 되면 쏟아내고 이따금 그리워하고 애와텨하고 쓸쓸하고 허무해 하면서 그렇게 또 이따금 밤 책상 앞에 아그려 쥐고 앉아 줄밤을 새우며 삶 본 닷과 시방 이렇게 여기에 있어야 할 까닭을 스스로에게 물어보는 눈 깜박할 사이를 가져 본다고 해서 나는 사람일 수가 있는 것인가?

역사를 올바르게 읽어 낼 수 있는 이 말을 가리켜 사람史覽이라고 부를 수 있다시던 할아버지 말씀만으로 끝나는 것인가?

나는 누구인가 더구나 나는 누구이고 나는 무엇이며 내 본디 참 모습은 무엇인가. 나는 어디서부터 왔으며 시방 어디로 가고 있는 것인가. 아니 무엇보다도 나는 살아있는 것인가. 살아서 숨쉬고 있는 것인가.

아아 참으로 나는 시방 살아서 이런 물음이나마 스스로에게 던져보고 있는 것인가. 당시롱 틀림없이 꿈은 있고 당시롱 모든 것은 될 수 있으며 당시롱 그리하여 나는 어떤 될끼를 지니고 있는 솔봉이인가. 숨이 멎는 것 같다.

이 시대 최고 전신사조 화가인 김호석 그림을 보는데. 어? 눈이 없다. 안경으로 보이는 물건은 걸려 있는데 그 둥그런 안경테 속에서 날카롭게 빛나야 할 눈이 없는 것이다. 아마도 정신의 대공황시대를 살고 있는 이 시대 중생의 장군죽비로 보인다.

불상을 만들거나 그릴 때 눈을 박거나 찌르는 마지막 손질을 가리켜 우리는 점안點眼이라고 부른다. 눈 없는 이 조선 선비 얼굴에 누가 점안을 할 것인가? 남은 시간이 많지 않다.

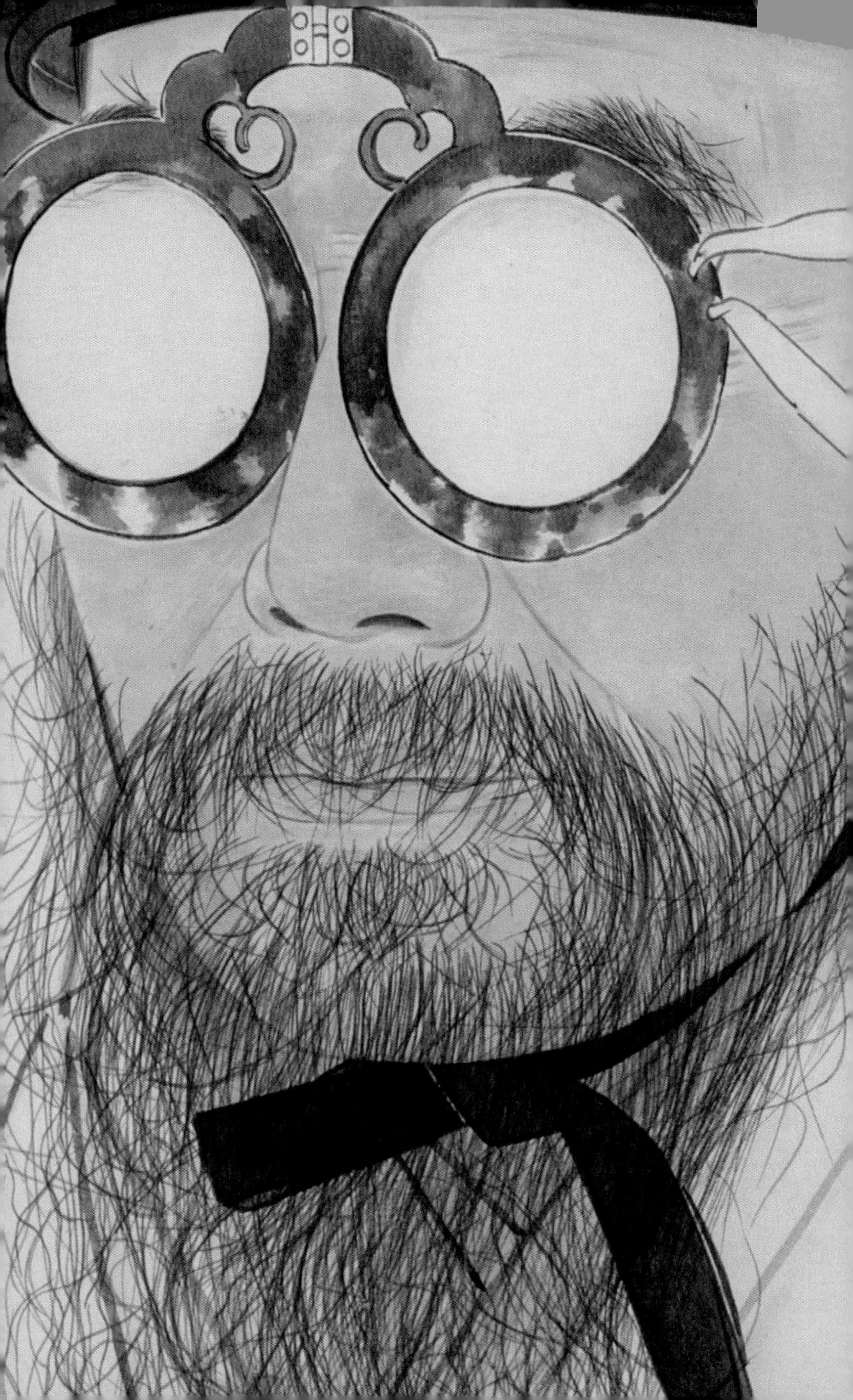

〈눈부처〉

장요세파

마산 트라피스트 봉쇄 수녀원 수녀

없는 눈이
자꾸
눈길을 끕니다.

보는지 안 보는지
볼 수 있는지 없는지
여기에만 매달리다 보면

눈 없어야
볼 수 있는 것일랑
애시당초 볼 수 없지요.

눈 있어도
볼 수 없는 것들이
얼마나 많은지

볼 수 있다 생각하는 통에
놓쳐버리는 진리는
얼마나 많은지

눈으로 보고
눈으로 착각하며
눈 좋다 자부하는 이도 많지요.

차라리
눈 없는 편이
더 나았을 것을

없는 눈이
있는 눈을 바라봄에
있는 눈이 어두워집니다.

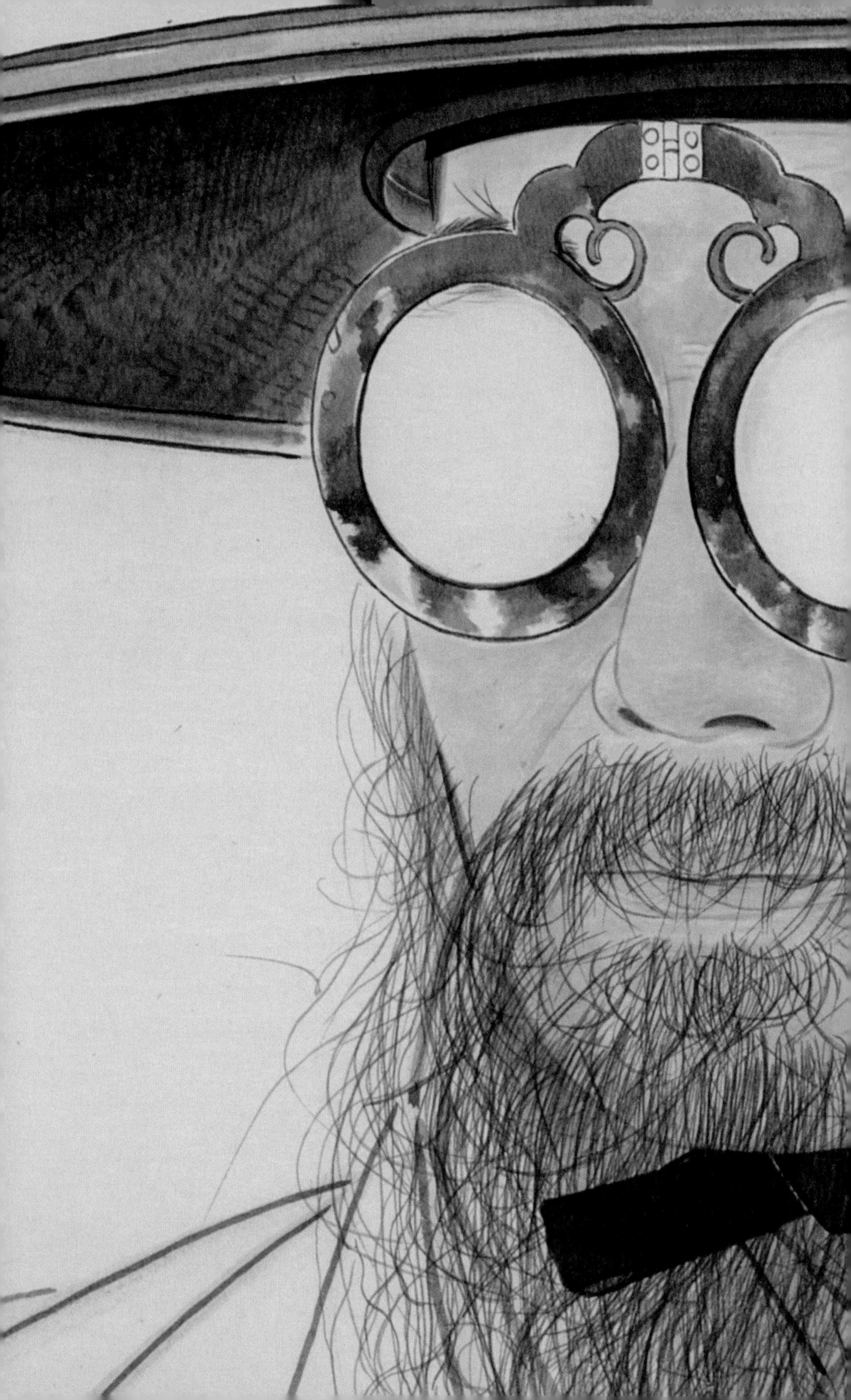

눈을
열다

박종구

서강대 총장 / 신부

문외한에게 그림의 세상은 안개의 나라이다. 육안으로 보는 색깔이나 형태가 모든 게 아니다. 그림 속에 안착한 인물은 그만의 세상에 갇혀 있지 않은 것 같다. 줄기차게 바라보는 이에게 말을 걸어오니 말이다. 작가의 마음이 머물 것처럼 스쳐가는 작품이라면 더욱 그럴 만하다. 신神 존재가 우리 인생의 탄젠트라면 오직 한 번만 인지가 가능할 것인가? 그게 어디일지, 그게 언제일지 더욱 막연한 기다림으로 남을 듯하다. 한 순간의 불꽃이 댕겨질 때에 벌어질 사건을 기다리는 것처럼 말이다.

천千일 넘게 기다려온 작품은 머물 듯 떠나버리는 작가의 마음과 유사할 듯싶다. 완성은 작가의 손길이 멎을 때 온전히 성취된다고 여겨지지 않는다. 그렇다고 작품이 홀로 완성되는 것은 더구나 아니다. 오히려 작품은 마치 살아 움직이는 생명체처럼 순간순간 완성해 가는 시공간이 필요한 게 아닐까? 작가의 손길이 무수히 스치고 지나간 혼이 살아 있으려면 더욱 그렇다.

인물의 안경은 과거를 보여주는 소품이다. 소품은 세상을 밝게 보지 못하는 이에게 세상에 닿기 위한 통로일 뿐일까? 저 사람은 세상을 보지만, 나는 그의 내면을 볼 수 없는 게 이상하다. 아마도 세상을 보는 안경이 초상의 인물 앞에 나섰기 때문일까? 육신의 눈에 필요한 안경도 사실 따지고 보면 마음이 먼저 필요를 느껴야 한다. 육신의 안경은 그 '너머'의 세계로 안내하는 지표일 듯싶다. 그래서 마음의 눈도 그에 맞갖은 영안의 안경이 필요할까?

질문에 앞서, 가까이서 보면 맑고 밝은 얼굴인데 어딘지 모르게 슬픈 얼굴이다. 얼굴 뒤에 숨은 자신의 마음을 보여줄 수 없어서 그럴까? 세상을 보는 안경 너머에 보이지 않는 눈은 신과 인간이 만나는 탄젠트의 접점을 말해 주는 듯싶다.

예술은 이렇게 놀라움이다. 마음과 몸으로 가까이 다가서지 않으면 보이지 않는다. 언제나 많은 사람이 보지 못하는 것을 보여주는 마음의 전문가, 예술은 그래서 영의 필치와 영감을 유지하는 사람만이 출입이 가능한 영역이다. 일차원에 갇힌 다수에게 자기를 깨뜨리라고 불꽃을 던지는 사람이다. 보지 못하는 눈에 불꽃의 뜨거움과 위험을 던지고 눈을 개안시키는 사람, 그는 화백이다.

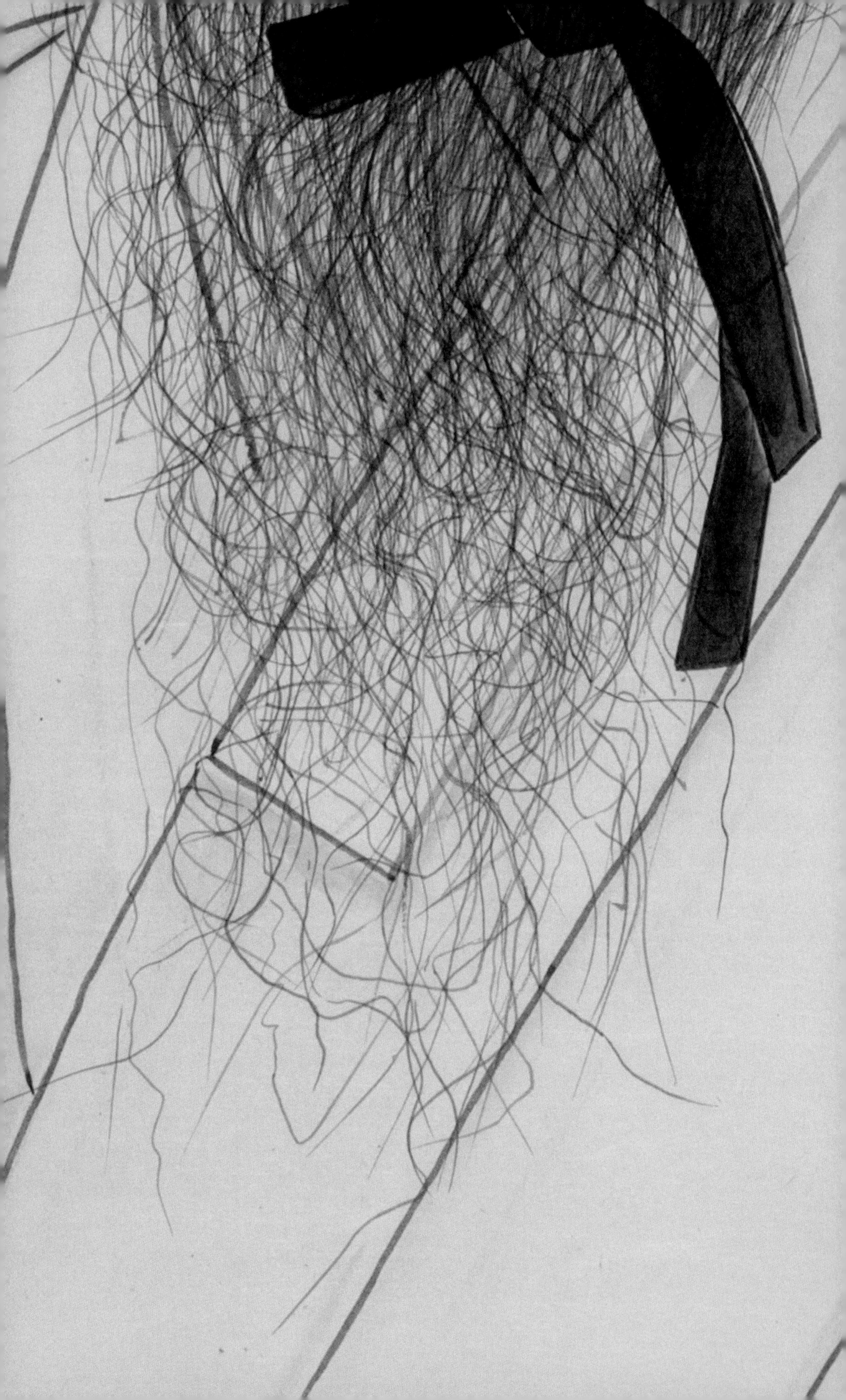

현대,
청맹과니

이경철

문학평론가

처음 보는 그림 잘 감상했소.

누가 봐도 김호석 화백 브랜드 맞네요.
해남 고산 윤선도 기념관에서 윤두서의 수묵 감상하다가
전화를 받고 전율했네.

가슴이 뻥 뚫리는 듯한 윤두서 자화상 눈빛에서
자네의 그림 언뜻 떠올랐는데 전화가 왔으니.

그림 본 느낌 그대로 적어보겠네.

하늘의 제왕 독수리 그림에서 눈 가린 독수리를 보았는데 이번 인물화에서는 눈이 뻥 뚫려있구먼. 도포도 차려 입고 수염도 잘 다듬은 단정하고 근엄한 분위기인데도 청맹과니이구먼. 눈은 크게 뜨고 있으면서도 눈깔이 없는 고지식 내지 자기 눈에 비치는 대로, 자기중심이며 인간 중심으로만 세계를 보고 재단하려는 근대의 이성이 이룬 현대를 청맹과니로 비판하는 그림으로 보이기도 하네.

그 또 다른 편으론 안경, 혹은 망원경을 쓰고 밖이 아니라 자신의 속 내지 허공을 응시하는 인물로 보이기도 하고. 아무튼 잘 그린 인물 수묵에서 눈 하나로 많은 것을 떠올리게 하는 그림이구먼.

고맙네. 여러모로 무지한 나에게
이런 좋은 그림 그려주고 의견까지 물어주니.
건강, 평안하시고 이런 좋은 그림 많이많이 그리고 보여주시게.

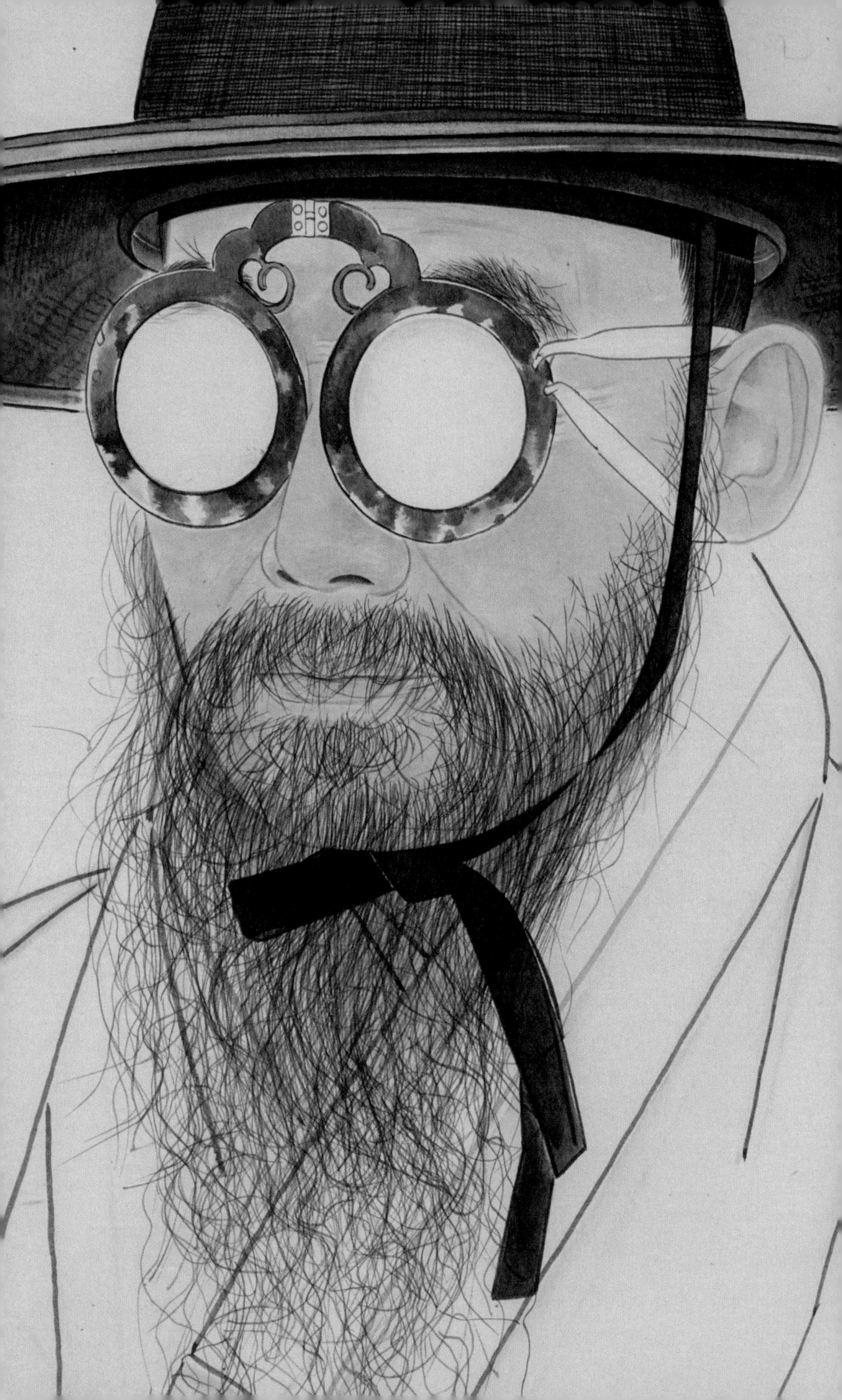

김호석 화백의 그림 〈눈부처〉

임우기

평론가

저물녘에 산책 삼아 정발산을 오르는데 조선 수묵화의 거장 김호석 화백한테 전화가 왔다. 이달 20일부터 삼청동 모화랑에서 전시회를 하는데, 달랑 작품 하나만 전시하기로 했으니, 그 작품 한 점을 감상해 보라는 것이었다. 제목을 〈눈부처〉라 붙였다 하더니, 잠시 후에 카톡으로 작품 한 점을 보내왔다.

글쎄, 흰색 알 안경을 낀 건지, 일부러 눈을 안 그린 건지, 한 선비가 의관을 단정하게 갖춘 초상화. 순간, 나도 모르게 슬며시 웃음이 나고, 화제畫題가 '눈부처'라 하니 김 화백의 '수묵화水墨畵'가 추구하는 '정신精神'이 피워내는 유현한 기운이 은근히 내 마음을 움직인다.

눈부처는 다른 이의 눈동자에 비친 내 모습을 가리키는 말인데, 눈동자가 지워진 초상화를 〈눈부처〉라 제목을 붙이고 나면, 그림 해석이 복잡다단해진다. 평소 김 화백이 나를 골리거나 놀리는 데에 재미를 붙인 듯한 느낌도 없지 않아, 저 그림 해석에 관한 어려운 과제를 내어 나를 골탕 먹일 놀부 속셈이기도 하겠으나, 살펴보니 김 화백이 오랜 절차탁마 끝에 마침내 자신의 '수묵 정신'이 여기에 이르렀음을 보여주는, 어떤 고매한 자부심이 전해지는 바가 없지 않다. 이런 맥락에서 보면, 저 〈눈부처〉는 지금 김 화백이 도달해 있는 '자기 정신의 자화상'이라 해도 틀림이 없다.

그림을 잘 보든 못 보든, 좋은 그림을 본 일순간에 보는 이는 그림에 감흥感興하게 된다. 이 〈눈부처〉를 보는 잠시, 직관적으로 품게 된 생각은, 만해 한용운 선사의 시 〈알 수 없어요〉와 실학의 실사구시實事求是 정신, 그리고 귀신鬼神의 존재에 관한 것이다.

화가는 남의 눈동자를 그릴 때는 당연하고 자화상을 그릴 때조차 나를 남으로 여겨 눈동자를 그린다. 눈동자를 지운 것은 눈동자가 없어서가 아니라, 눈부처 곧 '마주보는 눈동자'에는 '보이지 않는 마음의 눈동자'들이 헤아릴 수 없이 무량억겁으로 내재해 있기 때문이다. 여기엔 보이는 사물에 대한 부정 일변도의 공空사상과 긍정 일변도의 유심唯心 유식唯識 사상이 동시에 작용[會通]한다.

때문에 남의 눈동자에 비친 나, 또 내 눈동자에 비친 남은 그 자체가 진실이 아니라, 진실은 눈에 보이지 않는 공空의 현상으로서 마음 깊이에, 즉 사물의 이면에 은폐되어 있다. 만해의 시 〈알 수 없어요〉가 퍼뜩 떠오른 이유다.

그러나 사물의 진실을 '알 수 없음'에도, 김호석 화백의 모든 수묵화는 사실事實에 입각해서 진리를 찾아가는 '실사구시實事求是 정신'에 투철하다. 수묵의 붓질은 사실에 기반하여 매우 구체적이고 생생하며 또 단정하고 단호한 기운이 실려 있다. 의관을 정비한 선비의 뻣뻣한 풍모는 허튼 관념이나 허상을 허용하지 않고 구체와 실질에 충실한 '실학 정신'의 초상으로 이해해도 좋다.

이러한 사유를 토대로 하여 이 작품의 '은폐된 화의畫意'는 더 깊이 해석될 수 있다. 그 해석 중 하나는, 내가 그림에서 남의 눈동자를 지운다는 것은 남이 나를 그린다는 뜻을 내포한다는 것, 남이 나를 그리는 것이 내가 남을 그리는 것이다. 이 말은, 내 안에 남이 나를 그린다는 뜻이기도 하다. 귀신鬼神의 존재는 눈에 보이는 눈동자가 아니라, 보이지 않는 눈동자에서 활동한다. 만물에 작용하는 귀신의 존재는 변화하여 측량할 수 없다. 다만 뛰어난 화가들은 '알 수 없는' 귀신의 조화가 남기는 자취를 감지하고 이를 가까스로 형상화한다. 김호석 화백의 근작 〈눈부처〉에 눈동자가 지워진 것은 그 귀신이 부리는 조홧속을 '보는' 관조觀照의 표현이라 할 수 있다.

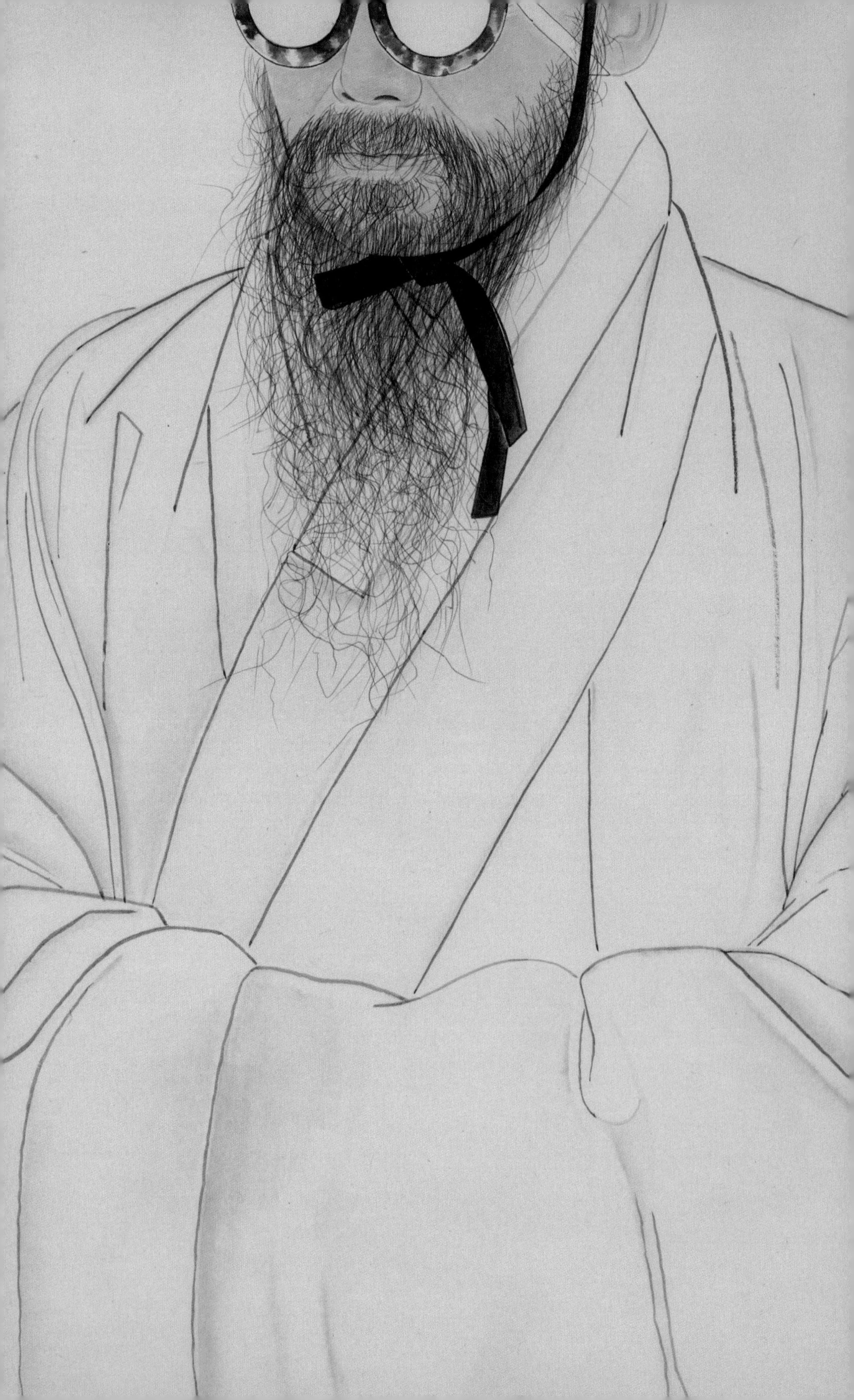

김호석 화백의

시선의
경련

강득희

(사)설문대 전문위원

김호석 화백의 초상화 속 시선은 남다르다. 1986년 그려진 황희 정승의 네 개의 눈을 지닌 초상화는 김 화백 시선의 특별함이 세상에 알려지기 시작한 계기였고, 나 역시 그때 마주한 시선의 충격은 한국 전통 초상화 속 눈빛이 살아 있는 인물의 정신세계가 다시 소환되었음을 알게 해 주었다. 김 화백의 초상화가 신체의 눈인 육안과 정신의 눈인 심안을 동시에 담은 한국 전통 초상화의 맥을 잇고 있음을 알아차리게 해 준 셈이다.

이 초상화를 그린 1980년대 한국 사회는 군부독재에 항거하는 민주화의 열기가 고조되었던 암울한 시기로 김 화백은 조선시대 초기 황희 정승의 살아있는 시선을 통해 작가 자신의 정신세계를 심안으로 표현하고 있다. 그리고 사반세기 지난 지금 발표된 〈시선의 경련〉은 작가의 시선이 안경알이 채색되지 않아 하얀 빛살 뒤에 숨어 있으니 궁금하다.

그동안 작가 시선의 변화가 작품 속에 여러 방식으로 표현되고 있었고 바깥세상의 엄청난 변화 역시 더 이상 심안으로 표현하기 어려움을 감지한 김 화백은 눈빛이 아닌 스님들 뒷모습을 통해서 혹은 표정이 사라진 인물들을 통해서 작가 시선이 변화하고 있음을 알려왔다. 마치 김홍도가 그의 영적 세계를 〈염불서승도〉의 연좌대 위 스님의 뒷모습으로 훌륭하게 표현하고 있듯이 김 화백도 이러한 전통적 영적 표현은 여전히 이어오고 있다.

2017년 5월 23일부터 6월 25일까지 이어진 인도 국립현대미술관 '빛 속에 숨다' 전시회는 김 화백의 시선이 초월적 눈인 영안으로 변화되었음을 세상에 알리는 계기가 된 셈이다.

"인간의 무의식 속에는 기억이 있다. 나는 내가 생각하지 않는 것을 그리고 싶었다. 미물들은 내가 아무것도 모른다는 사실을 알게 해 줬다. 가장 미천하다 생각한 것들은 미천한 것이 아니다. 미물들 모두가 여백이다."

생각을 멈추고 빛 속에 숨는 것은 정신세계의 심안에 의존하기보다, 미물의 생명 에너지에 시선을 주며 보이지 않는 공간과 쉼의 여백을 허용한다.

한국인 작가로는 처음으로 해외 생존 작가로는 두 번째 개인전을 초대한 인도 국립현대미술관장 아드와이타 가다나야크 역시 김호석 작품들의 내적 에너지와 영성에 주목하고 있다.

"그의 작품에서는 내적 에너지와 영성을 느낄 수 있다. 인도 관람객들은 그의 작품을 통해 한국 철학뿐 아니라 한국과 인도 문화의 영적공통점을 느낄 수 있을 것이다."

이제 김 화백의 그림 속 안경 뒤에 시선은 초월적 눈인 영안을 통해서 세상을 향해 말하고 있다.

우리 사회의 정치적 민주화나 경제적 성장 등 긍정적인 변화에도 불구하고 정의롭지 못한 현재의 사회문화적 단절 현상과 전 지구적 상황이나 전 인류적 차원의 생물종 멸종이나 지구온난화 문제, 변종미생물, 변종박테리아 등의 반란을 바라보는 김 화백의 시선은 초월적 영안으로 표현할 수밖에 없다. 안경 렌즈를 하얀빛으로 처리해 바라보는 이들에게 빛으로 환하게 비춰주며 각자의 내면의 세계를 깊이 바라보고 나와 우리와 세상을 위해 우리 각자가 할 일이 무엇인지 묻고 있는 듯하다.

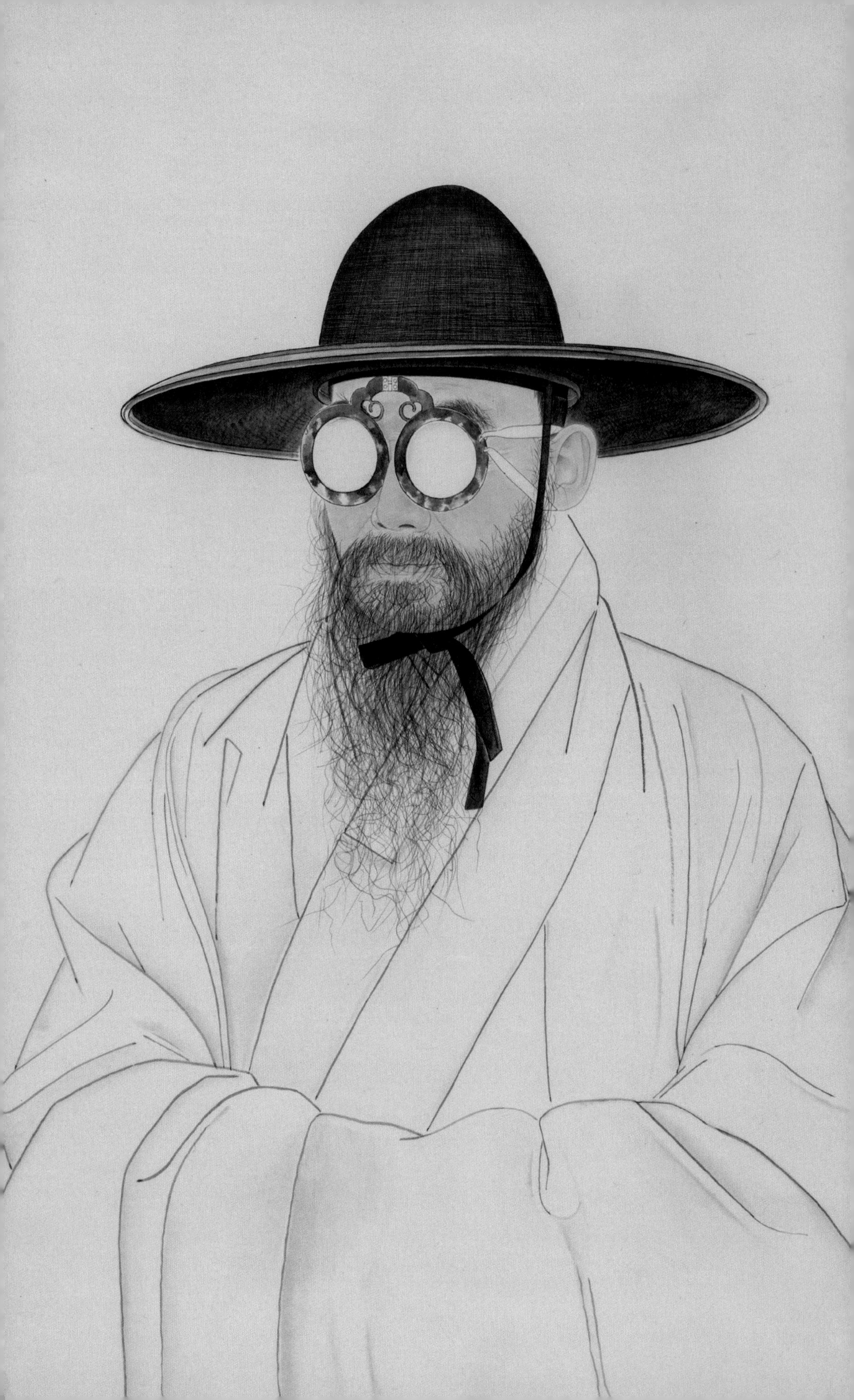

〈눈부처〉

장요세파

마산 트라피스트 봉쇄 수녀원 수녀

눈부처 1_ **통시적 시각**

사람을 잡아당겨 세웁니다. 뭐지? 저 안경?

아무것도 안 보인다는 것이야? 아니면 아무것도 보지 않겠다는 것이야? 이렇게 볼 수도 있겠으나, 반대로 온갖 것을 다 꿰뚫어보는 것으로도 볼 수 있습니다. 이 두 가지 반대 방향의 물음 앞에 서는 것만으로도 그림을 보는 이의 내면에는 파도가 일어날 수 있습니다.

저의 시각에는 두 번째 방향이 먼저 들어옵니다. 여기에는 이유가 있어야 하겠지요. 첫째는 제목 〈눈부처〉 때문입니다. 그리고 그림 속 인물이 조선시대 사람인데, 안경을 꼈다는 것은 상당한 학자라는 사실을 알려줍니다. 조선 중기 이전 형태의 둥근 갓과 화려함이 배제된 단정한 복장은 안경과 더불어 청렴하고 학식 깊은 모습을 엿보게 해 주니 그가 아무것도 보지 않는 모습을 상징한다고는 볼 수 없게 만듭니다.

어쨌거나 안경이 참 강렬합니다. 의도적으로 크게 눈동자도 없이 그린 데는 화가의 의도가 있기 마련이겠지요. 가톨릭에서 성서를 보는 방법 중에 통시적通時的 방법이란 것이 있는데, 이 안경은 이 방법을 생각나게 해 줍니다. 간단하게나마 설명이 필요하리라 짐작됩니다. 성서 속 인물인 모세, 다윗, 여러 예언자들을 예로 들 수 있습니다만, 여기서는 가장 유명한 예언서인 《이사야서》 중 제2 이사야서의 "수난받는 종 메시아"에 대해 말씀드리고자 합니다.

한 사람이 있는데, 자신은 죄가 없음에도 채찍질에, 침 뱉음에, 온갖 모욕을 당해 차마 사람의 모습이라 할 수 없을 정도의 수난을 받는 종입니다. 그런데 알고 보니 그는 우리가 맞을 매를 맞고, 우리가 앓을 병을 앓음으로써 구원을 가져다주는 인물이더라는 내용입니다. 제2 이사야가 살았던 시대를 통틀어 이 묘사에 맞는 인물은 찾아낼 수가 없어 도대체 누구를 상징하는지 알 수가 없습니다. 그런데 이 묘사를 십자가형에 처해진 예수 그리스도께 입히면 마치 맞춤옷같이 딱 들어맞는다는 것입니다. 한 인물이 그 시대에 잠깐 나타났다 사라지는 우연이 아니라 모두 연결되어 있고, 역사의 어느 한 정점을 향해 수렴하고 있다는 것이지요. 그리고 수많은 인물들이 표상하거나 예시해 주는 인물이 있다는 것입니다.

어떤 분들에게는 참 끼워 맞추기도 잘한다고 여겨질 수 있을지 모릅니다. 사실 하나 하나 단편적으로 볼 때 그리 보일 수 있는 것도 사실입니다. 2차 대전 같은 비극도 나와는 아무 상관도 없는 것이요, 아우슈비츠에서 죽은 600만 명의 사람도 나와는 아무 관계가 없습니다. 그러나 그 역사가 나와 상관이 있음을 아는 이는 그 비극이 수십 년 전 과거의 일만이 아니라, 지금도 일어날 수 있고, 내게도 그 책임이 있는 것이 됩니다. 이렇게 되면 인류는 모두 한 운명 공동체요, 먼 나라 사람, 먼 과거 사람도 나의 형제가 될 수 있습니다.

역사를 통시적으로 볼 때 오늘과 내일, 그리고 미래 혹은 너와 나 먼 과거의 사람들, 미래의 누군가가 나와 상관없는 것이 되지 않게 됩니다. 역사는 그저 우연히 생겨나 어딘지도 모를 방향으로 마구 흘러가는 것이 아니라 분명한 목적을 가지고 창조되었고, 어떤 방향을 향해 흘러감을 아는 이에게는 이 통시적 시각은 전혀 무리가 아닙니다. 오히려 당연합니다.

개인의 역사라는 측면에서도 과거는 그저 잊고 싶은 고통이요, 현재는 지긋지긋할 뿐이니, 미래라도 빨리 와주기를 바라는 이에게 삶은 운명의 여신의 가혹한 장난질일 뿐입니다. 그러나 과거, 현재, 미래를 함께 보는 이에게는 의미 없는 과거란 없으며, 과거의 험난했던 시간도 현재를 위한 담금질이며, 미래란 오늘 안에 이미 들어와 있어, 희망은 보이지 않는 신기루가 아니라 샘솟는 물처럼 타인에게까지 미칠 수 있는 것이 됩니다.

즉 통시적 시각이란 그저 역사를 보는 한 방법이 아니라, 삶의 자세라는 것입니다. 그야말로 과거, 현재, 미래가 하나의 화살로 관통되어 서로 분리됨이 없이 엮여 어떤 목적을 향해 나아갑니다. 그러니 삶이 생명과 희망으로 펄펄 뛰는 것이 당연한 일이지요.

아무것도 그려지지 않고 눈동자조차 없는 저 안경은 이 통시성을 상징한다고 볼 수 있습니다. 즉 어느 한 시점, 물건, 인물만을 보는 것이 아니라, 텅비워짐으로써 오히려 모든 것을 통시적으로 보는 눈이 되는 것입니다. 이 통시성은 시간만이 아니라 공간적인 면에서도 적용될 수 있습니다. 즉 자신의 내면과 현실 세계, 이웃, 초월적 세계가 따로 따로 놀지 않습니다. 나의 내면에 신성이 이미 깃들어 있고, 저 미래 속에는 내가 거주할 자리가 있으며, 이웃은

밖에만 있는 것이 아니라, 내 마음 속에 나와 함께 있게 됩니다. 공간의 제한이 가로막지 않는 세상입니다.

상처를 생각해 보면 이 차원은 삶 속에서 더 절실해집니다. 손가락 끝에 가시 하나 찔려보면 온몸이 그 손끝이 되어 버린 듯 오직 그 하나만 남습니다. 고통은 이렇게 인간을 지극히 이기적, 유아적으로 만들 수 있는 위력을 지녔습니다. 그러나 이 위력에 굴복당하지 않고 타인의 아픔을 자신의 아픔으로 받아들일 수 있는 힘이 인간에게는 있습니다. 가족의 아픔, 옆 사람의 아픔, 저 먼 나라 사람의 아픔 등 세상의 아픔 가운데 나와 관련 없는 아픔이란 없다는 사실이 이 고통으로 찬 세상을 위한 참된 구원일지도 모릅니다.

화백의 작품이 어렵게 느껴지는 것은 이런 차원에 대한 이해와 공감이 전제되지 않기 때문일 것이라는 추측을 해 봅니다. 이 통시성의 차원은 화백 그림의 원천이기도 하기 때문입니다. 신학이 어려운 것이 말을 잘못 푸는 신학자 탓일 수도 있으나 신학자가 말하고자 하는 차원을 이해하지 못하거나 삶이 그 차원과 동떨어져 있는 독자의 탓일 수 있는 것과 마찬가지입니다. 혹은 삶이 따라가지 못하는 신학이 뛰어난 이론에도 불구하고 공감력이 떨어지기 때문일 수도 있습니다.

과거도 미래도 너도 나도 그도 온 우주도 하나의 그물로 함께 엮인 세상을 어찌 물질적인 눈 하나로 보아낼 수 있겠습니까? 텅 빈 안경이라야 표현해낼 수 있는 현실 아니겠는지요? 이 차원을 생각해 보지 않은 이에게 통시성이란 그저 자주 듣지 못하는 어려운 단어요, 이런 그림은 추상적인 것이라 여깁니다. 이 작품은 추상적이기는커녕 아주 현실성이 넘치는 그림입니다. 단지 그 현실이 눈앞에 보이는 좁은 것에 갇힌 것이 아니라, 시대도 시간도 공간도 나도 타인도 넘어서는 엄청나게 폭넓은 것이라는 사실입니다.

여기까지 오면 절로 감탄사가 나옵니다. 이해하기도 쉽지 않은 통시성을 회화적 상징을 통해 묘사해낸 김 화백의 성찰과 예술적 표현이 하나 된 걸작 앞에 설 수 있는 기쁨에 터져 나오는 감탄입니다. 또한 이 작품은 화백의 감상자와 세상을 향한 초대장이기도 합니다.

눈부처 2_ **눈부처라는 말**

참 고운 말이지요. 곱기만 한 것이 아니라 그 의미는 무한히 깊고 또 넓은 고마운 말 하나 만났습니다. 전라도가 고향인 화백이 어릴 때부터 썼던 말이라는데 경상도에서만 왔다갔다 한 저로서는 듣는 것도 처음입니다. 그리고 딱히 종교적인 뉘앙스를 지니지는 않는다고 합니다만, 부처님이 지닌 이미지가 긍정적으로 작용하고 있는 것만은 사실인 것 같습니다.

이 말에 처음 접했을 때 눈이 맑아지는 기쁨을 맛보았습니다. 서정적인데 의미도 깊은 두 가지 함께 가기 어려운 요소를 당연한 듯 품은 말입니다. 의미면에서는 '예수의 눈'으로 본다는 것과 일맥상통하는 것 같습니다만, 서정적 분위기에서는 이 말을 못 따라갈 것 같습니다.

우선 곱고 맑은 눈, 깊고 그윽한 눈, 투명하게 꿰뚫는 눈 등이 떠오릅니다. 이런 이미지 안에 앞에서 풀어간 통시성의 시간적, 공간적 넓이와 초월의 경지를 함께 아우르는 깊이를 지닌 종교적인 시선까지 아우를 수 있는 말이 아닐까 합니다.

자신이라는 소우주를 벗어나 저 먼 과거와 저 앞 미래, 그리고 현재 안에서 일어나는 역사적 혹은 역사를 초월하는 어떤 흐름을 볼 수 있는 눈. 너의 아픔을 나의 아픔으로 느낄 수 있는 공감의 눈. 이런 눈을 지녔기에, 시대의 꼬이고 꼬인 모순이 냄새를 풍기며 흐드러져 있어도 희망의 새 바람이 그를 통해 불어올 수 있습니다. 이런 눈을 지닌 사람들이 있어 역사는 모순과 죄악의 구렁텅이에서도 끊어지거나 소멸하는 법 없이 어딘가 목적지를 향해 나아가고 있습니다.

이런 의미에서 "사람만이 희망이다."라고 한 어느 시인의 말이 참으로 옳습니다.

눈부처 3_ **새로운 작품, 새로운 역사**

눈이 없어야 볼 수 있는 것이 있습니다. 보이는 것만을 보는 것이 전체를 보는 것이 아니기 때문이지요. 볼 수 없을 때 볼 수 있는 것이 있는 것이요, 자유롭지 못하다고 인정할 때 비로소 자유로운 것도 같은 맥락입니다. 어둠 속이라야 빛을 알 수 있고, 죽어야 살 수 있습니다. 역설, 파격이 아니고서는 도달할 수 없는 진리를 형상화된 이미지라는 예술로 빚어내는 화가의 노력의 끝을 보여주는 작품이라 할 수 있습니다.

화백의 설명에 의하면 수묵화의 역사에서 눈동자가 없는 그림은 그림이라 하지 않는다 합니다. 그러고 보면 사실 눈동자 없는 수묵화를 본 적이 없습니다. 서양화에서도 유명한 그림들 중에는 눈동자가 없는 그림이 없습니다. 물론 워낙 많은 서양화들 가운데 찾아보면 있을지 모르겠으나 저같이 짧은 실력으로는 찾을 도리가 없음을 고백합니다.

화백은 왜 이런 파격을 택했을까요? 하나의 역사를 새로 써나가기 위해서일까요? 그런 의도였다면 단지 눈에 확 뜨이는 기괴한 그림으로 그치고 말았을 것입니다. 그것보다는 위에서 말한 말로 표현되지 않는 진리, 보이는 것을 넘어서는 진리, 역사의 굽이굽이를 넘고도 살아남는 것, 상식의 테두리 안으로 가둘 수 없는 것, 눈으로는 볼 수 없는 것들의 압도적인 다가옴 앞에 서 있는 한 화가의 모습을 봅니다.

볼 수 없는 것이 '날 그려달라' 화백 앞에 서 있었지 않았을까 짐작해 봅니다. 그리고 그 결과는 수묵화의 역사에 없는 새로운 작품이 우리 앞에 있게 된 것입니다.

눈부처 4_ **눈동자 비우기**

없는 눈이 자꾸 눈을 끌어당깁니다.

조선의 초상화에서 전신傳神 화법이라는 것은 초상화를 초상화이게 하는 핵심이라 할 수 있습니다. 한자말 그대로 그리는 대상의 정신을 전달하는 것입니다. 아무리 잘 그려도 그 사람의 성격, 인격, 정신이 드러나지 않으면 조선 초상화에서는 뛰어난 그림으로 보지 않습니다. 조선의 초상화들에서는 대상의 내면세계가 마치 마주보고 앉은 듯 잘 드러납니다. 가장 유명한 것으로 윤두서의 자화상이 있습니다만, 예를 들자면 수도 없습니다.

윤두서의 자화상만 보더라도 수염이나 피부 등도 기가 막히지만 가장 핵심적인 것이 그 눈 특히 눈동자입니다. 그 눈동자를 통해 그의 오만가지 생각, 인품, 정신이 가장 잘 드러나 마치 눈빛 형형한 선비 한 분과 마주 앉은 것 같은 느낌이 들게 하지요. 그러기에 눈동자를 그려 넣지 않은 조선 초상화는 생각할 수조차 없는 것인지 모릅니다.

그런데 이 작품에서 화백은 그 핵심이라는 눈동자를 텅 비워 버렸습니다. 역전이라는 말로도 부족하지요. 역사를 뒤집는 일이니까요. 비울 수 없는 것을 비워 버렸습니다. 가장 핵심적인 것으로도 그 핵심이 수단인 한에는 표현할 수 없는 어떤 것이 있는 것이지요. 도저히 말로도 표현할 수 없는 어떤 실체 앞에서, 인간은 전율하며 엎드릴 수밖에 없는 어떤 현실에 접할 때가 있습니다. 저 막막한 우주마저도 이 앞에선 작은 점 하나일 뿐입니다. 이런 현실을 만날 때 우리의 두 눈이 무슨 소용이 있을까요?

이 텅 빈 눈이 우리를 끌어당기는 이유입니다.

눈부처 5_ **빛보다 더한 어둠**

그리스도교 신비주의에서는 신학을 두 방향으로 봅니다. 하나는 긍정신학으로 하느님이 이런 이런 분이시라는 것을 죽죽 설명해 갑니다. 인간은 물론 온 우주로도 설명할 수 없는 분을 설명하자니 말이 길어질 수밖에 없고, 길고 또 길어지면 감당이 안 되니 이면 저면 갈라서 이야기할 수밖에 없어 신학 종류도 다양하기 그지없습니다. 주로 서양이 이런 방향인데 이로 인해 서양의 신학은 방대하기 이루 말로 표현할 수 없을 정도입니다.

그런데 또 다른 방향은 부정신학이라 부르며, 하느님은 이런 이런 분이 아니라는 방향으로 설명을 하되, 결코 그 설명이 하느님을 설명하는 것이 될 수 없으며, 인간은 그 앞에서 오히려 어둠을 느낀다는 자세로 임합니다. 하느님을 설명하기보다 하느님 앞에 인간이 설 때 어떤 변화가 일어나는지 무엇을 느끼는지 이해하고자 합니다. 하느님은 인간의 지성으로 결코 파악할 수 없다는 것을 대전제로 삼기 때문입니다. 그러나 다가갈 수 없다고 하지는 않으니 불가지론不可知論과는 아주 다릅니다. 하느님의 본성이 아니라 하느님과 인간의 관계에 초점을 맞춥니다. 이 신학의 방향은 그리스, 러시아 쪽에서 발달하였고 동방정교회 전통이라 불리며 19세기부터 현대신학을 새롭게 태동시킬 만큼 엄청난 영향을 미쳤습니다. 물론 서양신학 안에도 이런 흐름이 없는 것은 아닙니다. 에크하르트나 《무지의 구름》이라는 책을 쓴 알 수 없는 저자, 노르비치의 율리안나나 수도자들 가운데 이런 흐름을 따라가는 이들이 많습니다.

이 흐름이 주로 따라가는 길은 볼 수 없는 것을 봄, 빛보다 더한 어둠, 술 취한 맑음 등 말이 안 되는 말을 따라갑니다. 상식적 지성의 세계에 갇힌 눈으로는 볼 수도 이해할 수도 없는 현실에 대해 말을 합니다. 그렇다고 인간은 신을 결코 볼 수도 알 수도 만날 수도 없다는 불가지론을 이야기하는 것은 아닙니다. 눈에 보이지 않아도 존재하고, 어둠 속이어도 빛을 볼 수 있으며, 술 취한 듯 이성이 정지하는 순간 깨어나는 맑음의 차원이 분명 있기 때문입니다.

이런 차원을 화백은 그림으로 표현하고자 한 것입니다. 한국 예술의 축복입니다.

눈부처 6_ **핵심과 전체**

아무리 핵심이 중요하기로서니 핵심만 있어서는 그 존재가 될 수 없듯, 몸 없는 영혼 없듯 그림에서도 핵심이 핵심이게 할 뿐 아니라 모두 함께 그 전체를 이루는 다른 부분들도 분명 중요합니다. 전체가 온전할 때 핵심도 핵심인 것임은 말할 필요도 없습니다. 극단적으로 이 그림에서 안경만 멋지고 다른 부분은 소홀히 처리되었다면 작품으로서의 가치는 물론 그 핵심이 지니는 의미마저 희미해지고 맙니다. 제대로 되지 않은 작품에 누가 눈길을 주겠습니까? 더 나아가 덜 떨어진 작품은 작품이라 부를 수 없을지도 모릅니다. 아주 잘 그린 위대한 작품 안에 단 한 가지가 엉망으로 그려져 있다면 그 하나로 인해 그 작품의 가치는 형편없이 떨어지고 말 것입니다.

대나무 갓과 그 속 은근히 비치는 상투, 꼬불거리는 수염, 그리고 무엇보다 옷자락이 압권입니다. 이 옷자락은 나무꾼 선사와 마찬가지 방식으로 붓을 멀리 쥐고 종이에 손을 대지 않은 채 공중에서 그린 것입니다. 볼펜을 쥐고 흉내를 내보았는데 동그라미 세모도 제대로 그려내지를 못하겠네요. 붓의 힘이 닿은 경지가 어느 정도인지 저로서는 감을 잡을 도리가 없습니다.

어쨌든 떨리는 붓으로 그리다 보니 나무꾼선사에서 다리가 휘적휘적 움직이게 보이듯 이 선비의 미세한 몸 움직임을 느낄 수가 있습니다. 이 방식으로 인해 절묘한 차이가 나는 것이지요. 1mm의 차이가 내는 효과의 엄청남, 이것이 대가의 실력일 것입니다.

갓의 역사에서 후기에 형성된 윗부분이 각진 갓이 아니라, 둥근 갓이 이 선비 인품의 너그러움을 보여줍니다. 과거, 현재, 미래를 아우르는 날카로운 통찰에 인격의 완숙함을 느끼게 해 줍니다. 그 갓 속 은근히 비치는 상투는 함부로 범접할 수 없는 내면의 깊이와 내공을 느끼게 해 줍니다.

꼬불거리는 수염은 화백의 설명에 따르면 곧게 뻗은 털보다 꼬불거리는 털을 지닌 사람의 성품이 더 강직하고 세다 합니다. 그러고 보니 옹니에 최씨에 곱슬머리를 지닌 이는 가까이 하지도 말라는 농담 아닌 농담이 생각납니다.

하여간 이 선비는 역사와 삶에 대한 통시적인 시각을 지니면서도 완숙한 인품과 곧은 성품의 인물임을 볼 수 있습니다. 어쩌면 한 사람이라기보다 세대에 세대를 거치며 사람들 속에 깃들었던 어떤 희망의 응집일지도 모릅니다. 세대를 넘어서는 어떤 존재에 대한 그리움일지도 모릅니다.

우리에게 이런 꿈을 일깨워주는 작품이지요.

눈부처 7_ **맹목성**

눈부처의 그림자를 보는 것도 상당히 흥미롭습니다. 그림자 없는 존재란 유령 외에는 없을테니 말입니다. 특히 저 안경은 그림자가 한두 개가 아닐지도 모릅니다. 아니면 엄청 크거나….

우선 가장 먼저 떠오르는 것은 맹목성입니다. 맹목성이란 삶 안에 참 흔한 것으로 이 역시 두 면이 있어 긍정적 방향으로 흐르면 자신이 목표하는 어떤 목표, 정신, 기술을 습득하는 데 도움이 되며 삶에 긍정적 에너지가 생겨나게 합니다. '긍정적 중독'이라는 말도 있습니다. 명상, 걷기, 운동 등 이런 것들에도 중독이 있습니다만, 이런 중독은 긍정적 에너지를 생성해 줍니다. 명상이나 걷기 운동을 하는 이들을 보면 하지 않고서는 못 견디는 어떤 힘이 그를 움직이게 함을 보게 됩니다.

그런데 이것이 부정적 방향으로 흐르면 삶의 고통을 덮기 위해 어떤 수단을 목표로 삼아버립니다. 즉 술, 담배, 약물, 섹스 등 삶에 유익하고 좋은 것을 고통을 잊고 순간의 행복을 누리고자 그것에만 맹목적으로 매달립니다. 그것 없이는 삶을 유지할 수 없어 그것을 놓으면 금단현상이 생깁니다. 이때 우리는 이런 사람을 중독자라 부릅니다. 그것에 자신의 행복을 얽매어 놓고 있습니다. 술의 끝자락, 섹스의 끝자락에서 순간적인 황홀을 자신의 행복으로 착각합니다. 그 황홀에서 깨어난 삶은 더 흉물스러워 맹목적으로 대상에 더 집착하는 에스컬레이터에 타게 되는 것이지요. 삶의 고통을 직시하기까지 이 중독의 힘은 세상 어떤 괴물보다 지독합니다.

심지어 그것이 사람일 수도 있습니다. 맹목성은 쉽게 집착으로 바뀌어 상대를 얽어매고 자신 곁에만 묶어둠으로써 오직 자신만을 향하게 하려 합니다. 상대의 다른 점은 추호도 인정할 수 없고, 상대의 삶의 반경도 자신을 중심으로 뱅뱅 돌게 합니다. 상대가 이것에서 벗어나려 할 때 폭력을 휘두르고 심지어 죽이기까지 합니다. 죽여서라도 자신의 소유로 만들려는 맹목성 그 무서움 앞에 전율이 일지요.

좋고 위대한 것일수록 그림자도 짙은 법임을 다시 확인하게 됩니다.

눈부처 8_ **집단 이익 추구**

또 다른 그림자로는 집단 이익 추구의 맹목성도 있습니다. 주로 돈과 관련이 있습니다. 고대부터 인간이 오죽 돈과 재물에 집착했으면 '맘몬'이라는 재물의 신이 있습니다. 이 맹목적인 욕망은 끝을 모릅니다. 긁어모으고, 쌓고, 탈취라도 해서 쌓은 재물이 산에 산을 보탠 것보다 많아도, 일생 동안 자신과 가족이 다 쓰고도 남고 남아도 절대 충분하다거나 멈추는 법이 없습니다.

그리고 많이 모은 사람일수록 수단과 방법을 가리지 않습니다.

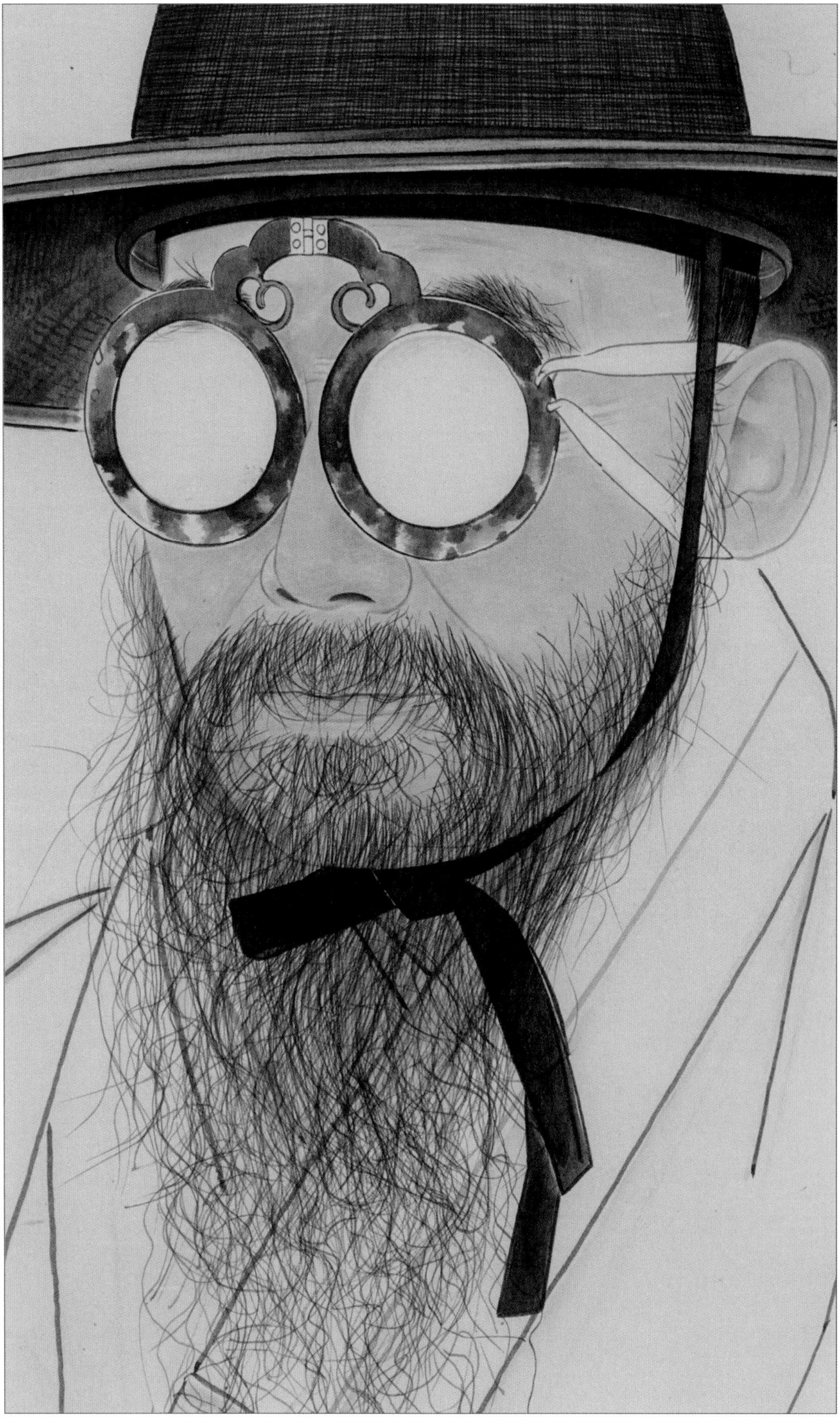

이런 이들의 대부분은 돈을 벌지 못하는 사람들을 게으르거나 능력이 없는 탓이라고 무시하기까지 합니다. 실제로는 그들의 것을 자신이 빼앗았는데도 말입니다. 돈 앞에는 염치도 양심도 뒤로 물러서고 맙니다. 옆에서 굶어죽어도 자신은 그 옆에서 향기로운 음식을 먹을 수 있는 것이지요. 자신의 직원들이 월급을 못 받아 곤경에 처해도 자신의 주머니만 채우면 됩니다. 다른 회사를 망하게 하고 헐값에 사들이고 부정한 방법으로 세금을 착복해도 들키지만 않으면 됩니다. 아프리카에서 수많은 이들이 굶어죽는 일이야 자신의 머리카락 한 올 빠지는 것만큼도 아프지 않습니다.

이상하게도 돈을 자신의 목적으로 삼는 이들은 공통적으로 이러한 성향을 지니고 있습니다. 그리고 이런 이들은 이합집산을 아주 잘합니다. 이익에 따라 이리 몰리고 저리 몰리고 이 사람 배신하고 저리 갔다가 또 방향을 돌려 돌아가거나 다른 쪽으로 가도 뭐 창피할 것도 없습니다.

이런 이들의 또 하나의 공통점은 자신의 이런 정의롭지 못한 행위의 정당성을 가족 혹은 자신이 속한 집단의 이익으로 돌린다는 것입니다. 가족을 먹여 살려야 하니 못할 짓이 없습니다. 이 집단이 유지되어야 세상이 잘 돌아 간다고 세뇌되어 있습니다. 집단을 위하는 공공의 이익 추구이니 무서울 것도 없고 주저할 것도 없습니다. 그리고 이를 위해서는 세세대대로 희생되는 이들은 있기 마련이고, 부자 계층과 가난한 계층, 높은 이와 낮은 이는 세상의 원리라고 그 누구도 부순 적이 없다고 확신합니다.

그리하여 이 이익에 제동을 걸거나 자신에게 도전해 오는 사람은 국가나 집단의 이익에 치명타를 입히는 이들로 간주하고 법까지 휘둘러 이들을 감옥에 보내거나 없애버립니다. 무서운 맹목성입니다. 이 안경을 이런 맹목성의 시선으로 볼 사람도 없지 않을 것 같습니다.

눈부처 9_ **숙성 생략**

이 시대만큼 물질적으로 풍요로웠던 시절도 없습니다. 현재 보통 시민들이 먹는 음식이 예전 귀족 양반들이 먹었던 것보다 훨씬 풍성하고 기름지다 합니다. 기술적인 면에서의 혜택에서야 말하면 잔소리가 될 지경이지요. 이런 풍요 속에 이전 어느 시대에도 없던 이혼율, 자살, 정신병은 또 다른 기록적 수치를 자랑하고 있습니다. 역사에 대해서나 지구, 우주에 대해서도 괄목할만한 발전으로 과거 천문학자보다 현재 일반인의 지식이 더 뛰어날 것입니다.

그 원인에 대해 다양한 면에서 추측이나 분석이 가능하겠지만, 현대인들은 모든 것을 즉석에서 얻어야 하는 것이 그 한 원인일 수 있습니다. 넘쳐나는 인스턴트 식품, 손 많이 가는 외국 음식인 스파게티, 스프, 동남아 요리도 레인지에 돌리기만 하면 뚝딱 한 상 차릴 수 있고, 라면, 국수, 짜장면 등 온갖 면 요리에서 볶음밥, 만

두 등 원하는 대로 선택이 가능합니다. 이 흐름에 음식 자판기는 정점을 찍습니다. 돈 넣고 빼면 그대로 먹을 수 있으니까요.

이런 흐름 안에서 현대인은 뚝딱 빨리빨리가 몸에 배어 버렸습니다. 의견이 대립되면 천천히 상대방을 알아가고 이해하는 과정을 거치는 것이 아니라 상대의 의견 혹은 상대 자체를 부수어서라도 나에게 맞추려 합니다. 익거나 숙성하는 과정을 기다리지 못합니다.

이것은 또 다른 현대인의 맹목성의 안경입니다. 익히고 기다리고 숙성하는 과정은 내가 아닌 남이 해 주고 나는 그 결과만 따먹으려 합니다. 허옇게 막힌 안경은 오직 자신이 향하는 방향만을 향해 있습니다.

눈부처 10_ **색안경**

저 안경은 또 색안경으로도 보는 이들이 있을 수 있습니다. 색안경을 끼면 사람의 눈동자 표정이 보이지 않고 허점을 가려 어설픈 사람도 제법 멋있게 보이게 합니다. 대통령 경호원들이 즐겨 선글라스를 끼는 데는 그만한 이유가 있는 것이지요. 사나운 개도 선글라스를 낀 사람은 공격하지 않는다 합니다. 표정을 읽을 수 없음이 그만큼 상대에게 두려움을 주기 때문일 듯합니다. 선글라스는 현대인들이 즐겨 사용하는 품목 중 하나이기도 합니다. 눈을 보호하는 기능은 오히려 이차적인 것이 되고 멋지게 보이게 하는 것이 더 큰 목적이 된 것 같습니다.

이 색안경의 색깔에 따라 세상이 달라 보입니다. 초록색이면 온 세상이 초록일 것이요, 노란색이면 온 세상이 노랗게 보일 것입니다.

이것이 심리적인 문제가 되면 자신이 색안경을 꼈다는 사실을 알아채기가 쉽지 않습니다. 심지어 이것저것 바꿔 끼면서도 못 알아챕니다. 만약 부모가 아이에게 "세상은 경쟁하는 곳이야. 어떤 수단을 쓰든 넌 싸워 이겨야 해."라고 지속적으로 교육시켰다면 아이는 세상을 전쟁터, 싸워 이기지 않으면 내가 죽는 싸움터로 보게 됩니다. 고약한 색안경이지요.

부모가 집착이 강한 사람이었다면 아이는 의존하거나, 반대로 자신이 지배하려 들거나 둘 중 하나의 성향을 띠기 쉽습니다. 부모가 가난한 이, 학력 낮은 이를 함부로 대하고 마치 자신들은 특별한 계층인 양 행동한다면 자식이 어떻게 되는지 우리는 모 항공사 대표 가족들을 통해 산교육을 받았습니다.

우리는 누구나 어느 정도 색안경을 끼고 있기에, 애써 보편성을 몸에 지니고자 하는 노력, 수행이 필요합니다. 이는 수도자만이 아니라 모든 이에게 실제로 필요합니다. 특별한 색의 안경을 끼고 있으면 세상의 다른 부분, 다른 색은 평생 맛보지 못할 수도 있으니 이 지상을 거치는 사람으로서 얼마나 불행한 일이겠는지요.

눈부처 11_ **백안시**

이 그림을 부정적으로 볼 때 '백안시'라는 말이 떠오릅니다. 백안시는 눈을 흘겨보며 사람을 홀대한다는 뜻으로 눈을 흘기다보니 흰자가 보일 정도가 됨을 일컫는 말입니다. 중국 고사에서 유래된 것으로, 서진시대 '죽림칠현' 중 한 사람인 완적은 원래는 벼슬을 했었으나 사마의가 정권을 잡자 모든 것을 훌훌 털고 초야에 묻혀 노장사상에 심취합니다. 자신의 마음에 드는 이가 찾아오면 눈을 검게 뜨고 술잔을 기울이고, 뜻이 맞지 않는 이가 찾아오면 흰눈을 뜨며 흘겨보아 아예 접근을 막았다고 합니다. 여기서 비롯된 말이 백안시입니다.

위의 옛 이야기의 경우에는 정치적인 함의와 함께 도교적 경향이 상당히 짙어 사람 자신을 무시하기보다 세상을 등지고 살아가는 사람의 취향이 아니고서는 아예 상대를 하지 않겠다는 은둔적 요소가 강합니다.

그러나 실제 생활에서 우리가 이 말을 사용할 때는 위의 맥락과는 사뭇 다릅니다. 자신의 취향에 맞지 않다기보다 자신의 수준에 맞지 않는 사람을 무시하는 것입니다. "네까짓 것이 감히 어딜!" 뭐 이런 느낌이랄까요. 우리나라 거부들은 대개 졸부들이 많습니다. 길어야 100년이 되지 못했습니다. 역사가 험악하고 거칠다보니 조선 말 부자들이 일제를 거치며 몰락하고 친일했던 사람들이 부자가 되며 권력을 손에 쥐었습니다. 나라를 팔았다는 세간의 비난이 그들에게 역시 따가웠을 터이고 그런 굴욕을 가지지 못한 이들에 대한 무시로 갚음을 받고자 하지 않았을까 짐작해 봅니다.

이런 풍조는 군사정권 아래 졸부들이 더 생겨나며 더 첨예하게 되었습니다. 피로 물든 정권, 그 비호 아래 모은 재산에 대해 깊고 그윽한 자부심 같은 것이 있을 리 없고 쌓은 재산만이 유일한 자산인 얕고 천박한 문화가 퍼져나갔습니다.

돈 없는 사람은 사람 대접 못 받고 어린아이들조차 자동차와 아파트 평수에 따라 친구를 사귀는 통탄할 역사를 만들어 가고 있습니다.

그러다 보니 우리 현대문화에 그윽함이 사라졌습니다. 순수문학과 미술, 특히 시는 들어설 자리가 없습니다. 폄훼하자는 의미에서가 아니라 영화, TV 드라마, 아이돌에 관한 기사가 아니면 유명한 주간지들의 한자리를 차지하지 못합니다. 세상 전체를 부자와 가난한 이로 양분하는 그런 문화 속에서 저 안경은 누구를 향하고 있을까요?

눈부처 12_ **스펙트럼의 폭**

하나의 안경을 두고 가지각색 기기묘묘한 부정적 안경이 출몰합니다. 이것을 단지 저의 상상력이라고만 할 사람은 별로 없을 것 같은데요. 왜냐하면 '안경' '눈' '봄'이라는 현상 자체가 이미 많은 것을 포함할 뿐만 아니라, 이 작품에서 안경이 지니는 특별한 자리 때문에도 그렇습니다.

눈은 사람 몸 속 장기 중 유일하게 밖으로 나와 있는 부분입니다. 그만큼 할 일이 많기 때문이겠지요. 많이 쓰다 보니 나이가 들면 주름도 많아지는 장소라 여성 화장품에는 아이크림이란 것이 따로 있을 정도입니다. 우리가 의식을 못할 때에도 눈은 끊임없이 많은 것을 봅니다. 그리고 눈이 나빠져 제 역할을 다할 수 없을 때 우리는 안경이란 도구의 힘을 빌립니다.

그리고 안경을 쓰더라도 선글라스가 아닌 이상 우리의 눈은 그대로 상대가 볼 수 있도록 드러납니다. 그런데 이 작품에서는 그 안경이 떡 하니 마치 징을 박아놓기라도 한 듯 작품의 중심을 차지하고 있습니다. 그리고 그 한복판 중심이 되는 사람의 눈을 빼버린 것입니다. 보는 것인지 안 보는 것인지, 통째로 꿰뚫는 것인지, 아예 맹목인지 이것들은 보는 이의 시선에 따라 정해질 수 있습니다.

이렇게 많은 스펙트럼을 지닌 작품을 만나는 것 자체가 복이지요. 그 스펙트럼을 만나고도 그것과 대면하느냐 지나치느냐는 또 관람자에게 달려있습니다. 그런 작품 하나가 떡 하니 우리 앞에 있습니다.

눈부처 13_ **차안대**

일상의 삶 안에서 본다는 사실만큼 오해나 왜곡, 착각이 많은 것도 없습니다. 보는 양 바로 그만큼 왜곡이 있을지도 모릅니다. 하지만 봄으로써 일어나는 일들 또한 우리 삶을 거의 지배할 정도로 많기 때문에 쓰고자 하면 무궁무진 나올 수 있는 주제가 될 수 있습니다. 이것이 종교적인 차원이 되면 그 깊이를 파 들어가기 쉽지 않을 정도로 심원한 면을 또한 지니고 있습니다. 여기에 대해서 역시 다음에 한 꼭지 다루게 될 것입니다.

말은 경주를 할 때 양 옆을 가려주어 앞만 보도록 하는 차안대를 해 줍니다. 수많은 볼 것들로 인해 달려야 할 곳으로 달리는 속도가 늦춰지지 않도록 아예 말의 눈 옆에 가리개를 붙여 버리는 것이지요. 즉 일부러 못 보게 하는 도구를 붙인 것입니다.

사람이 보는 반경은 거의 앞면뿐이지만 말이나 개는 고개를 돌리지 않아도 180도를 볼 수 있다고 합니다. 즉 달리면서도 180도 반경 안에 있는 것이 눈에 다 들어오는 것입니다. 사람은 그만큼 많은 것을 볼 필요가 없다는 조물주의 배려인지도 모르겠습니다. 그런데 인간의 심리적 차원에서 우리는 스스로 이 가리개를 달고 살 수 있습니다. 보고 싶지 않은 것, 고통을 주는 것, 혐오스런 것을 보지 않고 살기 위해 제 눈에 스스로 가리개를 다는 것입니다.

그렇다고 말처럼 가야 할 곳으로 빨리 달릴 수도 없다는 데 더 큰 비극이 있는 것이지요. 말은 가려주면 앞 방향 외에 다른 것들은 보지 않고 빨리 달리게 되지만 인간의 심리 더 깊은 곳에서는 보지 않으려 회피한 것이 더 자극적인 잔상을 남깁니다. 피한다는 것은 그만큼 더 의식을 하고 있다는 반증이기도 합니다. 저 안경은 마치 보지 않기 위해 아예 막아버린 것으로도 볼 수 있습니다. 그렇게 막아놓고 상상의 세계에서 보기 싫은 대상에 대한 강박증은 더 심해집니다.

시원하게 보고 고통을 주는 것은 받아들이고 혐오스런 것도 옆에 두고 그렇게 사는 것이 너나 할 것 없이 하나의 그물 속에 얽혀 사는 인간존재의 현실입니다. 그리고 그렇게 받아들이는 것만이 고통을 비틀어 더 큰 고통을 만들어 내지 않음을 깨닫는 순간 가리개는 절로 사라집니다. 아는 것, 보는 것은 그만큼 중요합니다. 하지만 보되 있는 그대로 제대로 보아야지요.

눈부처 14_ **시대의 안경**

시대 전체에 안경을, 그것도 앞을 가린 안경을 씌워버릴 수도 있습니다. 언론이 지닌 위력이요 병폐입니다. 50년 이래 수많은 우리의 국민들은 소위 '조중동'이라는 매체와 텔레비전 방송사들이 내보내는 뉴스만을 진실로 믿고 살아왔습니다.

한 전직 대통령은 일본의 식민시대의 빚을 시원하게 청산해 주고 새 역사를 열자며 한일협정을 맺습니다. 그리고 그 대가로 돈을 받지요. 그 돈 액수가 아무리 많았다한들 위안부, 독립운동가들, 강제 노역에 일생을 빼앗긴 분들, 일제 치하에 수탈당한 무수한 백성들, 나라 없는 설움을 뼛속 깊이 느꼈을 온갖 일들이 어찌 상쇄될 수 있겠습니까? 너무도 쉽게 협정이라는 국제적 약속으로 면죄부를 주어 버린 탓에 우리는 위안부 문제도 제대로 과거 청산을 못하는 신세가 되어 버리고 말았습니다. 그리고 중요한 문제는 아니겠지만 그 돈의 액수도 참 초라했습니다. 그리고 그 돈마저 상당수가 그 대통령 개인 통장으로 흘러 들어갔다는 무성한 소문들이 있습니다만, 누구도 공식적으로 밝히지는 못했습니다.

역사의 무거운 짐이 지워진 일을 졸속으로 처리하자 나라 방방곡곡에서 시위가 일어났지만 무력으로 진압되고 말았고, 이 한일협정은 역사 속으로 들어가 버리는 듯 했습니다. 그리고 언론들은 제 역할을 하지 못하고 눈에 가리개를 스스로 씌웠습니다. 국민의 눈을 가린 것이 이 일뿐이겠습니까? 4·19, 6월 항쟁, 간첩으로 몰린 사람들, 5·18 의거, KAL기 폭파 사건, 천안함 사건, 세월호 등 의문투성이 일들이 산처럼 쌓여도 큰 언론들은 오히려 진실과는 반대되는 방향으로 보도해 왔습니다.

언론이 나라 전체의 눈가리개 혹은 선글라스 역할을 해온 것입니다.

소위 언론통제는 독재정치의 가장 큰 무기 중의 하나입니다. 이는 국가뿐 아니라, 기업, 단체 심지어 종교 공동체에서도 지도자들의 강력한 유혹 중 하나입니다. 지도자가 끌고 가고자 하는 방향에 거스르는 이들이 많으면 그 방향을 바꾸거나 자신이 물러나야 할지도 모르기 때문이지요.

그러나 현실에서는 지도자가 많은 것을 공유하고 함께 상의하며 나아갈 때 신명나는 단체, 공동체가 됩니다. 물론 지도자가 사적 이익만 추구하거나, 사이비 종교 단체처럼 숨길 것이 많으면 강제적 침묵은 임시방편은 된다는 것이 역사의 분명한 증거로 남아 있습니다.

그러나 역사의 또 다른 증거는 이 언론통제는 임시방편일 뿐 끝까지 성공적으로 승리를 거두었다는 사례를 저로서는 본 적이 없습니다. 그럼에도 어느 시대를 불문하고 이 언론통제의 유혹을 뿌리친 국가 지도자들은 찾아보기가 어렵습니다. 그만큼 인간의 욕망은 국가라는 존재마저도 무력화시키고자 할 만큼 거대한 것이겠지요.

그리고 그 역사의 차안대를 자신의 목숨을 걸고 벗겨낸 사람들이 진정 역사를 이끌고 있음을 또한 봅니다.

눈부처 15_ 거짓말

눈을 가린 것은 마음을 가린 것이니 마음에 관한 부정적인 것들이 고구마 줄기에서 고구마 달려 나오듯이 많이도 나옵니다. 수녀원 밭에 고구마를 심으면 멧돼지들이 귀신같이 알고 먹어치우는데 줄기째 땅속에 뽑아 올려 한 알도 남기지 않고 먹어버립니다. 한 줄기에 고구마가 줄줄이 달려있기 때문이지요. 부정적인 마음의 현상들 역시 다 연결되어 있습니다.

그 중 하나가 거짓말일 것입니다. 거짓말은 정말 지독한 안경입니다. 없는 것을 있는 것으로 만들거나 비틀어 완전히 다른 것을 만들어 버리기 때문입니다. 거짓말을 자주 하는 사람의 마음은 하는 그만큼 비틀어지거나 자신이 만든 거짓상 위에 서서 그 거짓상을 버티느라 삶 자체가 아주 위태위태하게 되지요.

거짓말을 감추기 위해, 즉 자신이 만든 허상을 감추기 위해 또 다른 것을 만들어 내는데 쌓일수록 거짓말의 크기는 불어납니다. 두려움과 불안이 그를 지배하게 되고 두려움을 막기 위해 삶은 더 겉치레와 포장만 늘어납니다. 허상에 허상, 허상에 또 허상을 쌓다가 자신이 쌓은 헛탑이 무너지면 거기에 깔리는 비참을 참 많이 봅니다. 텔레비전 드라마를 볼 기회가 수도원에서는 전혀 없지만 이런 주제는 드라마의 단골로 등장하는 내용 중 하나가 아닐까요. 그만큼 인간의 부정적 눈감기 현상 중 대표적인 것이겠지요.

악의 힘 가운데 이 거짓은 뿌리 같은 역할을 하기 때문에 거짓을 일삼는 사람의 악행의 끝은 자기 자신조차 알지 못합니다.

눈부처 16_ 거짓말의 사회적 맹목성

이 현상은 소집단에서 왕따 현상으로 주로 나타납니다. 누군가를 희생양으로 삼아 괴롭히고 거짓말로 사람의 삶을 나락으로 떨어뜨립니다. 사람 내면의 공격성이 약해 보이는 한 사람을 향해 맹목적으로 쏠리는 현상은 참 두렵습니다. 어린 시절 이렇게 희생양이 된 사람은 평생 그 트라우마에 시달릴 가능성이 높고, 거꾸로 자신이 가해자가 되어 버리는 비극이 발생하기도 합니다. 그 공격성이 거짓말로 나타나는 경우가 많은 것도 왕따현상의 이상한 공통점인데, 이로 인해 자살로까지 이어지는 경우도 있으니 거짓말의 위력은 엄청납니다.

이 희생양의 문제는 역사 대대로 이어지는 끊어진 적이 없는 인류사의 늪입니다. 인류는 어느 시대든 자신들의 타깃을 만들어 폭력성을 퍼붓습니다. 이 폭력성의 대상이 된 사람은 거의 헤어 나올 길이 보이지 않는 늪속 같은 곳에 빠지는 것에 비유할 수 있을 정도입니다.

그 사람 자신이 정말 죄를 지은 경우에도 언론의 힘을 빌린 인격 살해는 사회에 일종의 비극적 카타르시스 같은 역할을 한다는 것이 신화나 사회과학자들의 의견이기도 합니다. 이것이 더 비극적인 경우는 죄가 없는데도 어떤 사람을 희생양으로 삼는 경우입니다.

언론, 전문가, 법조인, 경찰 모두 일단 어떤 사람이 대상이 되면 당사자가 아무리 죄 없다 외쳐도, 심지어 죄를 짓지 않았음이 밝혀져도 처음 방향에서 선회하지 않는 것 또한 희생양 비극의 공통점입니다. 이렇게 내몰린 사람들은 한순간 사회적 악마가 되어 버립니다. 성 폭행범으로 몰린 한 대학교수의 자살, 간첩으로 내몰린 이들, 살인범으로 지목되어 버린 여러 사람들, 은비사건으로 알려진 대구 한 가족의 비극, 그리고 이 그림을 그린 화백 역시 이런 피해자 중 한 사람입니다.

그가 대법원까지 가서 무고판결을 받아내도, 언론은 정정보도도 없고, 고발자는 다시 엉뚱한 다른 죄로 고소를 합니다만 그것 역시 무고죄로 끝나고 말았습니다. 고발 내용, 그 정황, 고발 당사자의 상황 등 법적 추적이 아니라 상식적으로도 납득하기 어려운 상황이 검찰과 법에서는 당연한 것으로 둔갑할 수 있을뿐더러, 언론이 이것을 대대적으로 알리기 시작하면 당사자들은 일순간 악마가 될 수 있습니다. 이들은 개인이기에 이 막강한 단체들을 상대로 싸우는 것은 거의 불가능해 보입니다. 정권이 바뀐 후 동료 교수들이 찾아와 그때는 어쩔 수 없었다고 사과를 했다지만 사회적으로 씌워진 그 불명예에는 무슨 도움이 되겠습니까?

언론과 법은 일단 어떤 방향을 정하면 처음의 몇 배의 무게로 터트리지 않는 한 결코 자신들의 논리를 접지 않습니다. 언론은 얼마나 성급하고 발로 뛰는 일 없이 전달된 뉴스만 양산해 내는지요. 설사 그 당사자들이 잘못을 저지르지 않았음을 알았고 세상 안에서 처참히 무너지는 것을 보더라도 냉정하게 눈을 감습니다. 범죄인으로 대대적으로 보도했던 언론은 무죄로 드러나도 그 소식은 전하지도 않습니다. 그리고 세상은 이 불행을 반복적으로 이용하거나 우려먹습니다.

이것은 저희 수도원이 한 조선소와의 불행한 사건 때 그대로 반복되었던 이야기입니다. 당시 저희들은 마산시 전체의 원수였지요. 마산의 발전은 우리 마을로 인해 완전히 막혀 버린 것으로 언론은 호도하였습니다. 그리고 나중에 그것이 사실이 아님이 밝혀져도 그것을 바로잡는 언론은 드뭅니다. 물론 처음부터 저희 문제를 바르게 보도해 주는 언론도 소수지만 있긴 있었습니다.

완전한 거짓말보다 더 나쁜 것이 사실을 묘하게 비튼 구린내 나는 거짓말입니다. 상황을 전혀 모르는 사람에게는 진짜처럼 들릴 수도 있기 때문입니다. 은비사건이나, 화백의 경우 그리고 저희 수도원 역시 이 구린내 나는 거짓말을 신물이 나도록 경험했습니다.

수도원이라 하여 이런 불행을 겪지 말아야 할 이유는 없지요. 이 불행은 어디까지나 불행이지만, 불행인 만큼 또한 행운이었습니다. 그것은 화백에게서도 그러함을 봅니다.

눈부처 17_ **변명과 핑계**

변명과 핑계라는 눈가리개도 있습니다. 잘못을 인정하면 참 단순하고 상쾌합니다. 그리 자유로울 수가 없어요. 그리고 놀랍게도 일반적으로 사람들은 자신의 잘못을 인정하는 사람, 특히 거짓말을 인정하는 사람을 높이 평가하게 되는 경우를 많이 봅니다. 심성이 웬만히 비뚤어진 사람이 아닌 이상 잘못을 고백하는 사람에게 비난을 하지는 않지요. 잘못이나 거짓을 인정하는 데는 사실 엄청난 용기가 필요합니다.

그런데 많은 사람들이 잘못을 덮으려 변명과 핑계를 끌어댑니다. 그럴 듯해서 상대가 넘어가는 경우도, 쉽게 상대에게 속을 들여다보이는 경우도 있지만 자신은 속이지 못합니다. 변명을 만들어낸다는 것은 거짓말보다는 덜 하겠지만 참 여러 가지 사항들을 나름으로 비틀고 덧붙이고 깎고 해야만 가능하기 때문입니다. 보통 변명은 다음 변명을, 거짓말은 다시 거짓말을 만들어 냅니다.

이는 분명한 의식의 작용이라는 것입니다. 의식의 작용이면 자신도 알고 있음에 분명함에도 이것이 안경인 것은 핑계를 대면 나는 알지만 남은 모른다고 착각하는 것입니다. 더욱이 변명이나 핑계가 습관이 된 사람은 주위에서 금방 알아듣습니다. 그리하여 나만 모르고 남은 다 아는 그런 우스꽝스러운 상황이 벌어지는 것이지요.

그리고 이 변명의 습관은 결국 거짓말로 이어지고 삶의 비루함으로 이어집니다. 거짓말을 수단과 방법으로 사용하던 공무원들의 눈빛의 불투명함을 지금도 잊지 못합니다.

눈부처 18 _ **환상**

다른 꼭지에서 다룰 상상과는 구별해서 볼 필요가 있는 말입니다. 상상은 현실을 무시하지 않되, 현실을 넘어서는 창조성을 띱니다. 하지만 환상은 현실로부터 둥 떠 있습니다. 많은 경우 현재의 고통 대신 환상을 피신처로 삼습니다.

폭력적인 아버지의 횡포 아래 사는 아이가 아주 단란한 가정의 환상을 보는 것은 그 아이에게 어떤 도움도 되지 못합니다. 환상에서 깨어난 후 현실의 비참함은 오히려 더 큰 것이지요. 사막에서 신기루를 보는 것과 똑같습니다. 이제 물과 음식을 만났다고 환성을 질렀는데, 허망하게 신기루가 사라진 후 그 절망감은 견디기 힘들 것입니다.

자신의 아버지가 폭력을 휘두르는 분이라는 냉철한 인정만이 그 폭력으로부터 오는 공포감을 이기게 하고 현실에서 어떤 구멍이라도 찾게 해 줄 수 있습니다. 현실은 부정할 수도 거절할 수도 없으니까요. 환상 속으로 빠질수록 에너지는 고갈되어 슬프고 고된 현실로부터 오는 목마름만 못 견딜 지경이 됩니다.

어차피 부정할 수 없는 현실이라면 그것이 아무리 끔찍하고 비참해도 일단 인정해야 최소한 자신 안에 빛이 생깁니다. 그리고 빛이 생기면 그 빛은 어둠을 비추니 창조적인 어떤 길을 찾을 수도 있습니다. 역경 속에서 놀라운 사람들의 놀라운 이야기는 흔치는 않지만 없지도 않지요.

눈부처 19_ **망상**

참 슬픈 현상입니다. 한 마디로 헛것이 보이는 것입니다. 현실로부터 아예 도망가 버린 탓으로 생겨나는 현상입니다. 이 비참한 현실 따위 내 것이 아닙니다. 현실을 인정할만한 에너지가 그 사람 안에 없었던 게지요. 누구도 고단한 현실에서 함께 옆에 서 주지 않았는지 모릅니다. 아니면 천성이 너무 약하여 이겨낼 힘이 없을 수도 있을 것입니다.

정신병원에 가보면 왕도 여럿 있고, 대학자도 적지 않습니다. 아니면 그 반대로 현실이 귀신이 되어 늘 뒤를 좇아 올 수도 있습니다.

이 슬픔은 신비입니다. 과학이 발달하고 상당 수준 약으로 가라앉힐 수 있다 하지만 심한 환자들은 어찌할 수가 없어 감금하고 있는 것이 현실입니다. 인간이 들어가지 못하는 곳으로 피해버린 이들, 뒤틀린 자신만 있고 자신에게 해를 입힐 그 누구도 들어오지 못하는 곳으로 들어가 버린 이들에게도 하늘문은 열려있음을 믿어 의심치 않습니다.

눈부처 20_ **법의 여신**

인터넷에 '정의의 여신' 혹은 '법의 여신'을 검색하면 두 종류의 조각상이 나옵니다. 다른 것은 다 동일합니다만, 한 가지가 다른데 천으로 눈을 가린 것과 가리지 않은 것입니다. 이 여신은 제우스의 딸 디케인데 정의와 공명을 실현하는 신입니다. 원래 이 여신상은 천으로 눈을 가리고 있는데, 한국에 건너와 여러 법과 관련된 건물 안에 상징적으로 세워지면서 눈가리개를 푼 모습으로 제작되었습니다.

이 여신상은 오른손에는 저울을, 왼손에는 칼을 들고 있습니다. 저울은 공명정대함을 그리고 칼은 이를 어기는 자를 처벌하겠다는 뜻을 지닌 것으로 보이며 해석이 그리 어렵지는 않은 것 같습니다.

고대 조각으로 갈수록 눈가리개는 반드시 이 여신상에 씌워져 있습니다. 의미를 한 번 캐 볼만 하지요. 그리고 우리나라에서는 눈가리개를 풀었다는 것이 더 이야깃거리가 될 듯합니다. 물론 여기서 다루고 있는 주제와도 깊은 관련이 있겠지요.

그런데 재미있는 것은 이 여신상 관련 인터넷 정보들을 보다보니 눈가리개를 푼 것은 똑바로 보고 공정하게 판단하라는 의미에서 벗겼다는 해석이 있습니다. 해석이야 자유입니다만, 고대 신화가 그리 만만치는 않습니다.

고대인들은 공명정대해야 할 신의 눈이 없는 것도 아닌데 그 멀쩡한 눈을 왜 가렸던 것일까요? 아마도 평소에는 그 천을 풀고 무엇인가를 판결할 때만 눈가리개를 한다고 볼 수 있겠지요. 신화의 심오함이 드러나는 장면입니다. 눈을 뜨고 눈에 보이는 사실들만을 잘 보는 것이 제대로 공명정대하게 재판을 할 수 있는 길일까요? 오히려 보이기에 진짜로 봐야 할 것을 놓치는 것은 아닐까요? 그 사람의 용모, 학력, 집안 이런 것에 사로잡혀 죄 있는 이를 무죄라 하고, 죄 없는 이를 유죄라 할 확률이 더 큰 것은 아닐까요? 심지어 권력의 압력이 있을 경우 사태는 더 심각하지 않을까요?

그래서 눈을 가려야 볼 수 있는 것이 있다는 것을 고대인들은 너무도 잘 알고 있었다는 것입니다. 그렇다면 우리나라에 이 정의의 여신상이 들어올 때 더욱이 법원 건물 정면에 세울 때 이 눈가리개를 벗긴 것은 법의 실체나 인간의 속성을 너무도 모르는 우스운 일이었다고 밖에는 표현할 길이 없습니다. 그런 정신으로 법에 임하다보니 '법꾸라지'라는 말이 생겨나고 청산해야 할 가장 큰 적폐세력이 법조계가 되어 버렸는지도 모릅니다.

제 눈에 보이는 것, 그것이 전부라는 착각을 하는 것은 법관들만이 아니겠지요. 적폐청산은 언제나 나부터입니다.

눈부처 21_ **상상**

이제부터 눈을 감아야 혹은 눈이 없어야 볼 수 있는 것들에 관해 묵상해 보기로 하겠습니다. 위 여러 꼭지들에서 묵상한 것들과는 방향이 조금 다릅니다.

가장 가까운 것으로 상상이 있습니다. 저의 개인적인 의견일지 모르나 이것이 없으면 인간다움이 엄청나게 삭감이 된다고 봅니다. 우리는 겨울에도 한여름의 뜨거움이나 봄의 생동감, 가을의 적막함을 상상하고 느낄 수 있습니다. 겨울에는 오직 추위와 삭막함만 느낄 수 있다고 상상해 보십시오. 멀리 떨어져 일하고 있는 아빠가 가족의 따뜻함을 상상할 수 없다면 일자리에서 오는 고단함을 이겨내기가 훨씬 어려울 것입니다. 예술가들의 상상력은 또 어떻습니까? 나무에서도 사람을 보고 꽃에서도 잔인함을 끌어내는 예술가들의 상상력은 다른 동료 인간들에게도 상상의 날개를 같이 펼 수 있도록 도와줍니다.

이것은 종교, 특히 제가 몸담은 가톨릭에서 성서 묵상을 하는데 생생한 체험을 하도록 도움을 줍니다. 성서는 고대에 적힌 죽은 문자가 아니라, 지금도 믿는 이들의 마음에 생명을 불어넣는 살아있는 말씀이기 때문입니다. 그러나 역시 쓰여진 것은 수천 년 전이니 그 시간을 뛰어넘어 말씀이 가리키는 참된 존재, 참 생명에 닿는데 이 상상력이 큰 도움을 줍니다.

위의 예들에서 이미 감지하신 분도 있겠지만 상상은 자기 마음대로 이상한 세계를 그리거나 환상에 빠지는 것과는 거리가 멉니다. 상상은 오히려 현실에 발을 디디면서도 현실을 넘어 현실이 닿지 못하는 어떤 것을 포착하여 예술에서는 이미지로 나타나게 되고, 현실세계에서는 사랑, 존중, 자존감, 소속의식 등을 키워줍니다.

성서의 한 장면 중 예수님이 십자가의 죽음을 당한 후 무덤에 묻히는 장면이 있습니다. 어느 날 저는 그 무덤 속에 제가 앉아있다는 상상을 하게 되었는데, 그 즈음 저의 내면에는 지속적으로 다가온 어떤 상황에 대한 억울함이 상당히 크게 저를 압박하고 있어 억울함이 제 눈앞에 늘 대롱대롱 달린 듯한 느낌마저 들던 시기였습니다. 그런데 그 무덤 속에 고요히 앉아있자니, 그 무덤 속은 시체 냄새는커녕 곰팡이 냄새 하나 나지 않고 오히려 무어라 형언할 길 없이 상쾌한 느낌이 드는 것이었습니다. 그런데 생각해 보십시오. 억울하기로 말할 것 같으면 세상에서 가장 억울하게 아무런 죄도 없이 죽어 무덤에 묻힌 분이 거기 계시지 않겠는지요. 그 순간 저의 억울함은 봄날 아지랑이가 사라지듯 그렇게 없어져 버리고 말았습니다.

상상이란 이렇게 현실과 초월적 현실을 하나가 되게 하여 현실의 무거움, 가벼움을 훌쩍 넘어 자신보다 더 큰 세계로 향하는 데 큰 도움을 줍니다. 그래서 자기 성장에 대한 의욕이 없는 사람, 오직 물질세계의 축적만을 좇는 냉혹한 사람일수록 상상의 세계가 좁습니다.

그리고 이 상상의 세계는 뻔히 눈뜨고 보는 현실의 눈이 아니라 눈을 감아야 떠지는 다른 눈으로밖에는 볼 수 없지요.

눈부처 22_ **공상**

공상은 상상과도 좀 다르고 환상은 더더욱 아닙니다. 상상이 좀 더 현실이나 존재차원과 연결되어 있다면 공상은 현실과 살짝 동 떨어진 면이 있습니다. 환상과 다른 것은 환상이 많은 경우 현실의 고통으로부터 도피하기 위해 일어날 수 없는 것들을 보는 것인데, 공상은 현실에서의 도피와는 상관없이 나름의 어떤 세계를 펼쳐가는 데 차이가 있습니다. 이 세 가지 서로 다른 점은 이밖에도 많을 터이니 보시는 분들이 한 번 짚어가 보는 것도 흥미로우리라 생각합니다.

공상이 활약하는 영역은 현재 인간의 기술이나 지성으로는 도달할 수 없는 어떤 차원을 그려내는 것입니다. 그 옛날 공룡의 세계라든가, 지하세계라든가, 마법의 세계 등의 공상소설이 대표적인 예입니다. 물리적 법칙이 통하지 않는 세계라든가, 저 멀리 우주 외계인에 대한 공상의 세계는 보는 이에게도 날개 같은 것을 달아줍니다. 우리가 누리고 있는 많은 기술문명의 도구들이 먼 옛 사람들의 공상으로부터 시작된 것을 우리는 알고 있습니다. 수많은 영화들 안에서 우리는 수십 년, 수백 년 후 도달하게 될 인류문명의 파괴적 혹은 창조적 모습들의 공상을 찾아볼 수 있습니다.

많은 경우 공상은 감성적, 영적 차원이기보다 지성적 차원일 경우가 많습니다. 이리 되었으면 좋을 어떤 것을 기기묘묘하게 풀어내는 솜씨는 감탄을 자아냅니다. 특별한 어느 한 영역이 발달된 이들에게서 공상의 놀라움을 발견할 경우가 많습니다. 부러운 재주입니다.

눈부처 23_ **과거**

눈을 감아야 보이는 것 중에 대표적인 것이 과거일 것입니다. 아프든 달콤하든 징그럽든 행복하든 우리는 과거로부터 자신을 끊어낼 수 없고, 과거를 조작할 수도 없습니다. 과거를 조작하면 우선 사람의 눈이야 속일 수 있겠지만, 자신의 양심은 속일 수 없어 시간이 지날수록 이상한 모습으로 변형되어 갑니다. 과거 역시 자신의 한 부분이기에 그것을 조작하면 자기 자신이란 존재도 조작당하기 때문입니다. 타인에 의한 조작보다 자신에 의한 조작은 더 치명적이지요.

과거를 회상할 때 우리는 보통 눈을 감습니다. 눈을 뜨고 있으면 현실에 보이는 것들이 먼저 눈에 들어오기 때문에 과거로 돌아가 지긋이 바라보는 것이 어려워집니다. 아픔을 지닌 과거는 보고 싶지 않아 저 깊은 곳에 눌러둘 수도 있지만 언제까지 눌려있지 않고 어느 날엔가는 비집고 올라옵니다. 때로는 현재의 어떤 사건이 내 속에 눌러두었던 것을 자극하기도 합니다. 이럴 때면 아무리 고통스러워도 내 앞에 다시 소환되어 온 과거를 지긋이 바라보아야 합니다.

그렇게 아픔을 지닌 과거가 내 앞에 다시 나타나는 것을 허용하면 그 과거는 새로운 빛을 띠게 되는 경우가 대부분입니다. 그리고 그 과거가 현재에 어떻게 연결되어 있는지도 볼 수 있게 됩니다. 보이지 않던 것을 눈을 감음으로써 보게 되는 것이지요. 이렇게 과거는 결코 과거로 끝나는 일은 없으며 우리의 현재 모습 속에 녹아들어 있습니다.

그리고 많은 경우 좋은 기억보다 나쁜 기억이 우리를 더 현재의 우리로 만들어 주었음도 발견하게 됩니다. 그리고 이렇게까지 외칠 수도 있습니다.

"내게 일어난 일 중에 불행한 일이란 단 한 가지도 없었다."

과거를 이렇게 볼 새로운 눈을 지니면 현재에 일어나는 일들도 새롭게 보게 됩니다. 나를 쥐어짤 듯 덤벼오는 해결책 없어 보이는 사건, 혹은 애드벌룬이라도 탄 듯 황홀하게 하는 체험도 따로 따로 놀지 않고 하나의 역사 안의 흐름으로 볼 수 있는 깊고 큰 눈을 지니게 됩니다.

이런 눈을 지니게 되면 당연히 현실의 사건에 좌지우지되거나 골치 아픈 사람, 내게 힘을 가진 사람에 의해 내 삶이 흔들리지 않게 됩니다. 설사 피치 못할 힘이 덮쳐와 삶을 무너뜨린다 해도 거기에는 또 다른 의미가 있음을 알아듣게 되는 것입니다.

과거를 제대로 보는 눈은 사람을 큰 그릇이 되게 합니다.

눈부처 24_ **성찰과 반성**

자신을 돌아보는 성찰과 반성도 눈을 감아야 제대로 들어갈 수 있습니다. 눈은 뜨더라도 최소한 내적인 눈은 감아야 합니다. 이것저것 호기심 가는 대로 눈을 돌리지 않고 오직 집중하고자 하는 것에만 에너지를 쏟기 위해서입니다.

흙에서 나와 흙으로 돌아가는 우리 인간 존재는 태생적으로 약함을 지니고 있습니다. 자기 스스로 자신의 생명에 필요한 것들을 얻는 동물과 달리 인간은 타자의 도움이 필요합니다. 정신적, 영적으로도 인간은 참 약합니다. 하고자 하는 일은 하지 않고, 하지 않으려 결심한 일들을 더 많이 행하는 것도 드문 일이 아닙니다.

자식이나 부모와의 관계에서조차 자신을 더 생각하는 이기성은 정말 지독해서 죽기 전에도 그 뿌리가 제 모습을 보이지 않을 정도입니다.

"팔이 안으로 굽는다."

이 말에 그렇지 않다고 자신할 수 있는 사람은 아마도 없을 것입니다.

이러한 나약성으로 인해 인간 존재는 자신을 성찰하고 반성하지 않으면 위에서 말한 약함의 방향, 나만을 중심으로 도는 방향으로 달리기 쉬운 존재입니다. 내 행동과 말을 반성할 뿐 아니라, 내 의식의 흐름도 성찰해야 합니다. 내 안에 생겨나는 욕망과 갈망을 성찰 없이 그대로 밀고 간다면 주변은 전쟁터가 될 것이 뻔합니다.

성찰을 통해 악한 흐름과 선한 흐름이 자신 안에 공존한다는 것도 명확히 보게 되고, 명확히 본만큼 그 흐름이 밖을 향해 움직일 때 민감하게 눈치챌 수 있습니다. 이런 성찰을 오래 하지 않으면 악한 흐름을 따르면서도 자신은 선하다고 착각할 수 있습니다.

눈부처 25_ **익명의 존재들**

이 그림 속 선비는 익명의 존재입니다. 우리에게 잘 알려진 유명 인물, 예를 들면 퇴계 혹은 율곡의 모습이 아닙니다. 그래서 이 작품이 더 의미가 있는 것이지요. 역사의 진행에 있어서 결정적인 역할을 하게 되는 위인의 힘이 아무리 크다 한들 익명의 존재들의 헌신이 없다면 그들의 존재는 있을 수조차 없는 것입니다. 우리의 의식주 해결의 가장 근본을 채워주는 농민들을 비롯하여 삶의 저변에서 몸으로 역사를 써나가는 분들의 드러나지 않는 고귀함은 보이지 않는 고귀함입니다.

이 안경 쓴 선비는 어쩌면 그 고귀함의 대명사일 수도 있습니다. 사람의 장기 속 보이지 않는 것들이 보이는 것보다 더욱 중요하듯 역사의 거대한 흐름 속에서 익명의 존재들이 볼 줄 아는 눈을 지닌 이들에게는 참으로 귀한 것입니다.

보이는 것만을 추구하는 이들에게는 권력, 명예, 힘, 학력, 금력을 지닌 이들이 한없이 부럽고 높아 보이겠지만 실제 그 힘은 참 미약할 수 있음을 눈 없는 눈만이 볼 수 있습니다.

어머니들의 숨은 삶이 없이 세상은 존속조차 불가능합니다. 눈에 보이지 않는 공기, 물은 그 존재가 사라진다면 우리의 생명 자체가 끊어집니다. 평소 잘 느끼지 못했던 친구, 가족은 우리의 자존감을 형성하게 해 주는 원동력입니다. 공장에서 험한 노동에 종사하는 분들 없이 우리 손에 든 온갖 물건들은 있을 수가 없지요.

이렇게 우리는 익명의 존재들의 도움으로 삶을 유지하며, 역사의 바퀴는 이런 분들로 구성되어 있습니다.

눈부처 26_ **익명성을 추구하는 이들**

그런데 이 익명성을 오히려 찾는 이들이 있습니다. 세상을 역행하는 삶을 의도적으로 찾는 사람들이 있습니다. 먼저 수도자, 수도

승들이 이 계열의 사람들입니다. 무명, 익명, 잊혀진 존재들, 잊혀지므로 참됨과 자유를 얻는 길이지요. 보이지 않는 것의 가치를 아는 사람들입니다. 눈이 없어야, 눈이 멀어야 볼 수 있는 것들이 훨씬 더 많음을 깨달은 사람들입니다.

보이지 않는 삶을 추구함에는 최소한의 삶에 대한 추구가 따라오는 것이 통상적입니다. 먹는 것, 입는 것, 사는 것, 보는 것 모두 삶의 가장 중요한 요소만 남기고 넘쳐나는 것들을 전부 생략한 삶입니다. 기본만 남은 삶의 단순함 속에서 인간의 본성, 그 본성을 넘어서는 눈에 보이지 않는 것들과 만나기 위해서이지요.

설사 어떤 유명세를 얻더라도 그것은 보이지 않는 것을 세상에 알리기 위한 더 높은 뜻이 작용하고 있을 터입니다. 세상이 탁해질수록 이 잊혀짐의 향기, 보이지 않음의 드높음이 필요해지고 그 시기가 되면 하느님의 깊은 손길이 누군가 위에 작용을 하게 됨을 역사는 보여주고 있습니다. 영원히 숨겨질 수 있는 것은 없고, 세상에 참된 것이 알려질 필요도 있기 때문이지요. 진정한 의미의 영웅, 위인들의 존재가 세상에 알려지는 것도 같은 맥락입니다.

비우고 또 비우고 줄이고 또 줄이고 그리고도 남은 그 맑음은 세상을 향한 것이자 세상을 위한 것이지 누구 어느 한 개인의 소유가 아니지요. 그래서 이 맑음은 자연히 세상을 향해 흘러 들어갑니다.

명예와 명성 즉 유명해지는 것을 목표로 삼고 인생을 달려가는 수많은 이들과는 어쩌면 방향 자체가 반대입니다. 숨은 것, 보이지 않는 것! 세상이 중력의 힘만으로 떨어지는 것을 위로 끌어올리는 힘입니다.

그리고 이 계열에는 수도자만 있는 것이 아닙니다. 평범한 삶을 살아가는 많은 이들, 우리 눈에 보이지 않아도 참된 길, 빛, 진리를 찾아 살아가는 많은 이들이 있습니다. 우리 조선의 역사 안에는 초야에 묻혀 명예, 벼슬을 의도적으로 멀리했던 선비들이 바로 그런 분들이었습니다.

눈부처 27_ **예언적 목소리**

앞에서 설명해 왔지만 현대문화가 눈에 보이는 것만을 중시함으로써 무엇을 잃었는지 짚어왔습니다. 순수문학 잡지는 사람들로부터 외면 받고, 일반 매스컴이나 진보를 지향하는 매체들조차 순수예술, 문학에는 관심이 없습니다. 이 역시 시대 풍조를 반영해 주는 하나의 표지이지요. 대학에서 철학과가 외면당하고 심지어 없어지기도 합니다. 인문학에 대한 인기가 대중 사이에서 일고 있지만 그것이 교양의 일환이지 삶의 차원으로 연결되고 있지는 않은 듯합니다.

줄임말이 유행하는 이 시대, 봉쇄 삶을 살아가는 저희들은 모르는 용어가 많아져 버리고 말았습니다. 인터넷 댓글은 의미조차 알 수 없는 것들이 대부분입니다. 그 중 하나가 '관종'이라는 말입니다. 한 두어 달 전 어떤 분과 대화 중 듣고는 뜻을 물었더니 웃음을 머금고는 '관심 종자' 즉 관심을 받기 위해 별짓을 다하는 사람을 일컫는 말이라네요. 듣는 순간 헛웃음이 나왔습니다. 그런 저를 보고 그분은 다시 '웃프다'는 말을 알려주었습니다. 이미 다들 아시겠지만 우스운데 슬프다는 의미랍니다. 그분은 저의 심정이 그럴 것이라며 알려주셨습니다.

진지하고 심오한 것은 진부하고 고리타분하고 재미없고 꼴통 같은 사람들의 몫이라고까지 생각들을 하나봅니다. 저의 이런 생각에 이의를 제기하는 분들이 많을 것이며, 그분들은 '아니 뭐 시대가 그런데 그것이 뭐가 문제냐?'는 사람들이 많으리라는 짐작이 갑니다.

이런 경향이 심각한 이유는 대형 사건이 터졌을 때 드러납니다. 세월호 사건만 하더라도 그 국가적 재난에 국가는 뒷짐 지는 태도 정도가 아니라 방해하고 있는 듯한 느낌마저 드는 것은 저만이 아니었을 것입니다. 경찰, 해경, 해군, 국가 관련자들 모두 그러했지만 일반 국민들의 반응은 더 무서웠습니다. 재난이 국가 탓이냐? 교통사고 난 것과 뭐가 다르냐? 이 정도는 약과요, 일부 인터넷 매체에 속한 사람들은 '시체팔이' '오뎅' 등의 차마 입에 담기도 힘든 말들을 인터넷에 유포시켰습니다.

진지함을 잃은 시대의 자화상이지요. 그 부모들의 아픔에 공감하지 못하는 반응들을 언론에서, 그리고 주변에서 쉽게 만납니다.

이 작품은 이런 시대를 향한 예언의 목소리이기도 합니다. 작가가 작정하고 그린 그림이요, 이 시대에 꼭 필요한 목소리입니다. 이 그림을 그릴 때 아마도 화백은 여러 반대와 편견, 작품을 걸기조차 쉽지 않을 시대 상황을 분명 염두에 두었을 것입니다.

바로 그 때문에 더욱 이 그림을 그렸어야 하지 않았나 하는 생각에 아픈 마음이 들게 하는 그림이기도 합니다.

눈부처 28_ **영성 세우기**

보지 않으면서 보는 맥락에서 중요한 것이 영성이라는 차원일 것입니다. 이런 시대에 영성을 세우는 것만큼 필요한 것이 또 있을까 싶습니다. 영성 세우기의 중요함이 그리스도교 역사 안에서처럼 명백하게 드러나는 곳도 드물 것입니다. 초기 그리스도교가 로마의 박해에도 불구하고 힘찬 기세로 뻗어나가다가, 4세기 초 로마 콘스탄틴 대제에 의해 박해가 종료되고 심지어 국교가 됩니다. 그리고 그리스도교는 눈부신 발전을 이루며 신학적으로 논쟁과 이단의 위협을 거치며 정립되어 나갑니다. 이 그리스도교가 10세기에 이르러 서방 가톨릭과 동방 정교회로 분리되는데 그 복잡한 역사는 여기서 언급할 내용은 아닌 것 같습니다.

다만 그 영성의 차이와 그 차이로 인해 빚어지는 결과들은 여기서 음미해 볼 만한 것이리라 여겨집니다. 서방 영성은 서방 수도승들의 아버지라 불리는 성 베네딕도의 규칙 첫말이 나타내 줍니다. "들어라 아들아!" 즉 서방 영성은 들음의 영성입니다. 서방은 예수의 말씀과 예수의 수난, 십자가에 중심을 두며 발전해 갑니다. 서방 미술에 유독 십자가나 수난 장면이 많은 것은 이 이유 때문입니다. 중세에 흑사병이 돌았을 때 이 영성은 죽음에 대한 공포, 경외, 묵상으로 정점을 이룹니다. 그리고 들음의 영성은 당연히 서양에 음악을 발전시킵니다. 그레고리안 성가와 바흐로 이어지는 흐름은 설명할 필요조차 없을 것입니다.

이와 달리 동방 정교회 영성은 '봄'이라고 볼 수 있습니다. 그리하여 동방의 영성은 빛의 영성이라는 특징을 지니며, 영성을 그림으로 표현하는 이콘이 발전합니다. 그리고 그림도 예수의 수난과 십자가는 거의 없고 부활이 주를 이룹니다.

이렇게 영성의 방향은 삶과 직결됩니다. 그리고 영성이 세워지는 곳에는 생명력이 넘칩니다. 이 생명력이 없이 영성이 세워지는 일은 역사 안에 없습니다. 거꾸로 말하자면 영성이 세워지는 시기는 역사가 환하게 피어나는 시기이기도 합니다.

그리고 영성은 눈에 보이는 물질을 무시하지 않지만 그것을 중심에 두는 법은 없습니다. 눈에 보이지 않는 가치, 인간 정신을 풍요롭게 하는 가치를 중심에 둡니다. 그리고 그 결과 물질도 함께 풍요로워집니다.

그런데 이 순서가 거꾸로 되어 물질의 발전이 중심이 되면 인간의 가치는 상대화되고 수단이 되어, 힘없는 사람, 가난한 사람은 무시해도 좋을 잔인한 시대가 됩니다. 그리고 이 잔인함은 결국 부메랑이 되어 탈취하는 이들에게로 돌아갑니다. 역사는 결코 고정되는 법이 없으며, 누구도 역사의 주인은 아니기 때문이지요.

중요한 것은 영성 세우기가 얼마나 중요한가를 알아듣는 사람들이 많아지는 것입니다. 이 그림은 보는 이에게 그것을 촉구합니다. 물질만이 최고인 영성은 영성이 없는 상황이 아닐런지요. 모든 영성이 짬뽕이 되어 버린 뉴에이지는 갈길 잃은 영성이 닿을 수밖에 없는 길인지 모릅니다. 아니면 속 깊이에서는 더욱 영성을 찾는 현대인들의 목마름인지 모릅니다. 종교마저 그 목마름을 채워주지 못하는 데서 오는 역반응인지 모릅니다.

눈부처 29_ **기도 1**

눈에 보이지 않는 것 중에 첫째는 기도가 아니겠는지요.

"기도가 밥 먹여 주냐?"

아마도 한 번쯤 이 말을 들어보지 않은 사람은 없을 것입니다. 말은 이리 심하게 하지 않더라도 속으로는 기도의 힘 따위 믿지 않는 사람이 훨씬 더 많으리라는 짐작이 듭니다만….

기도를 밥 먹여 주고, 돈 주고, 병 고쳐 주고, 좋은 학교 보내

주는 마술 가게로 보는 이들에게 기도는 효과 빵점일 수도 있겠습니다. 이런 식으로 본다면 기도는 보이지 않는 것이 아니라, 보이는 것의 계열에 속할 것입니다.

기도가 이런 간청과는 아무 관련이 없다는 것이 아니라, 근본적으로 기도는 대화라는 것입니다. 보이지 않는 하느님과의 대화이지요. 사람과 사람이 만나 그윽한 대화를 나눌 경우 거기에 무슨 사심이 없습니다. 그저 그 나눔이 좋을 뿐이지요. 기도도 그렇습니다. 상대방의 마음은 알 생각도 없이 받고 싶은 물건, 돈만 생각한다면 그 상대방의 마음은 얼마나 아프겠습니까?

더구나 그것이 원하는 당사자에게 도움이 될 수 없다는 것을 알 때 아무리 자신은 그 물건을 많이 가지고 있다고 할지라도 그 사람을 사랑하는 마음이라면 줄 수가 없는 것이지요.

기도는 이와 비슷한 하느님과의 관계입니다. 현실적인 물질 문제만이 지상 최고의 가치인 사람에게 하느님과의 관계 운운하는 것 자체가 뜬구름 잡는 소리겠지요. 그 이유는 하느님에 관한 것, 하느님 자신, 영적인 것, 초월적인 것을 감지하는 안테나가 그 사람에게서 없어진 것은 아니겠으나 뽑아 올려지지 않고 쏙 들어가 버린 탓입니다. 하느님이야 우리가 뭐라든 거기 그대로 계시겠지만 그분을 감지하는 우리의 안테나가 없다면 도무지 느끼지도 알지도 못할뿐더러 더구나 보는 것은 불가능합니다.

기도는 이렇게 이 안테나를 뽑아 올리는 작업이기도 합니다. 안테나가 뽑아 올려지면 그 다음은 참 흥미진진합니다. 하느님의 손길, 주시는 사랑, 은총 듬뿍 느껴지니 삶은 신명나고, 자신 안의 숨은 재능도 팍팍 살아납니다. 무엇보다 세상은 줄 수 없는 참된 생명의 기운을 느끼기에 보이는 것 너머 보지 않아야 볼 수 있는 것들을 보게 됩니다.

심지어 사람의 약점마저 넘어 그 사람조차 보지 못하는 그 사람 내면의 참 생명을 보게 되니 사람으로 인해 스트레스 받는 일도 적어집니다. 이렇게 기도는 모든 것을 뛰어넘는 힘입니다. 이렇게 눈에 보이지 않는 가치가 지향하는 세계는 참 생명 넘치고 신명나고 한바탕 춤이 풀어져 나오는 삶을 살아가게 만듭니다. 화백이 열어가고 싶은 세상입니다.

눈부처 30_ **기도 2**

대화는 기도의 기초 단계에 불과하다고 하면 놀랄 분들도 계시겠지만, 기도를 실제로 해 본 분들은 환히 아실 것입니다. 기도는 대화를 넘어선 침묵이라는 것을…. 아마도 사랑에 빠진 두 남녀를 생각해 보면 아주 쉽게 이해될 것입니다.

처음 서먹할 때는 쭈뼛거리다 친해지고 사랑이 익으면 대화가 많아집니다. 그리고 그 사랑이 더 무르익으면 영화에서 보는 것처럼 말이 밀려나는 시간이 옵니다. 그저 바라봅니다. 그 강렬함은 영화 장면을 뚫고 보는 사람을 압도하지요. 대화보다 훨씬 더 많은 것이 전달되는 침묵입니다. 넋이 나갈 지경이지요. 내가 나인지 내가 너인지도 모릅니다. 일종의 황홀경입니다.

기도는 이와 비슷하나 또 다릅니다. 그 황홀경이 그저 몽롱한 빠져듦이 아니라는 것입니다. 넋이 나가되 선명합니다. 술 취하되 명징합니다. 연인들은 서로 같은 열정이 뒤엉켜 서로를 상실하지만, 기도에서는 위에서 오는 힘이 우리 인간을 감쌉니다. 이 열정은 서로를 불태우고, 서로의 불꽃을 크게 하는 것도 사실이지만, 또한 쉽게 삭을 수도 있습니다. 심지어 그 불꽃이 헛불꽃, 거짓 불꽃일 경우조차 있습니다.

그러나 위에서 오는 이 힘 혹은 현존은 인간의 온 존재를 감싸고 채우고 심지어 변모시킵니다. 이 힘이 너무도 강력하여 어떤 기능이 잠시 멈추는 그 순간은 술 취한 것 같은 혹은 어둠 속인 것 같은 상태에 빠져드는 것이지요. 생명의 원천이 우리의 작은 생명에 닿습니다. 참 생명이기에 생명을 삭게 하거나 불꽃을 소진시키기는커녕 생명을 더 크고 충만하게 해 줍니다. 술 취함에도 명징합니다. 어둠 속에서도 빛보다 더 밝습니다. 왜냐하면 우리의 이성을 넘어서기에 어둡게 느껴지나 이성을 넘어서는 우리 존재의 어떤 부분은 빛보다 더한 어둠을 감지합니다.

명상과 묵상을 지속적으로 해온 분이라면 이 현존, 이 생명이 무엇인지 금방 알아듣습니다. 눈에 보이지 않아도 압니다. 손에 잡히지 않아도 자신의 내면을 휘젓고 강력하게 작용합니다. 큰 사랑에 감싸여 있음을 명확히 알아챕니다. 그 거대한 사랑 앞에 다른 모든 것은 쓰레기로 여겨지는 자유를 얻습니다.

세상 무엇이, 어떤 사람이 우리를 이토록 생기 있게 해 줄 수 있을지요.

눈부처 31_ **자유**

눈에 보이지 않는 것들을 추구함은 어떤 목적을 지니기보다 그 자체가 목적입니다. 즉 어떤 결실을 염두에 두고 이를 추구하지는 않는다는 것입니다. 그럼에도 이 추구에는 어떤 결과, 열매가 있습니다. 그 열매 중 첫째로 자유를 꼽고 싶습니다.

눈에 보이지 않는 것들을 추구하다 보면, 눈앞에 다가오는 답답한 현실, 궁핍한 현실, 곤경, 오해 이런 것들이 눈에 보이지 않는 현실의 거대함과 풍요로움 앞에 아무것도 아닌 것이 되어 버림을 어느 순간 느끼게 됩니다. 자학증 성향이 있다면 몰라도 곤경과 고난이 그 자체로 좋은 것이 될 수는 없습니다. 그러나 너무도 엄청난 풍요로움에 접하게 되면 그런 것들이 상대화되는 것이지요.

많은 이들이 생각하는 것처럼 자유가 도사같이 뛰어난 사람들의 덕이기보다 더 귀한 보물을 발견한 사람의 기쁨이 아닐까 생각합니다. 노력에 노력을 거듭한 결과 얻은 자유는 상당히 경직되고 근엄할 수 있는 여지가 많습니다. 참 자유는 부드럽고 유연합니다. 빼앗겨도 욕을 들어도 오해를 받아도 이를 악물고 지그시 참는 것이 아니라, 그런 것들조차 넘어 작용하는 더 큰 힘을 보기에 그리고 일어난 현실일랑 결코 부정할 수 없기에 당하는 것조차 기쁘게 당하는 것이지요.

자유는 눈에 보이지 않는 것을 보는 사람의 신명나는 한판 춤입니다.

눈부처 32_ **지혜**

눈에 보이지 않는 가치를 추구하는 이들의 공통점 혹은 결실 중 하나가 지혜입니다. 옛 어른들은 삶의 구석구석 필요한 곳에 허를 찌르는 지혜를 내놓습니다. 그런 지혜는 삶이 참으로 구차하게 흐를 수 있는 비극 속에서도 사람의 위엄을 잃지 않게 해 주고, 비겁해져도 욕할 것 없는 상황 속에서도 의연하게 버티게 해 줍니다.

지혜는 일종의 빛입니다. 사람의 내면을 비추는 빛이기에 어려운 때일수록 더 빛이 납니다. 지혜는 선천적인 것이라기보다 참된 가치를 추구한 결실이며, 위에서 내려오는 빛입니다. 노력하면 쌓을 수 있는 지식과는 다른 것이지요. 이것은 단순한 위트나 코미디언 기질과는 다릅니다. 선천적으로 타고난 위트 기질은 반드시 선하게 사용되지는 않으며 사람을 곤경에 몰아넣기 위해서도 이용될 수 있습니다.

인생살이 복잡한 인간관계의 실타래도 복잡하지 않게 제 방향으로 감기게 하고, 곤경에 처하거나 슬픔에 빠진 이들에게도 어떤 말을 해 주어야 하는지 아는 동네 원로 같은 사람이 되게 합니다. 우리 시대는 이런 노인을 잃었습니다. 우리 인생길의 선배요, 조언자 역할을 해 주는 이들이 주변에 없습니다. 세상은 이제 지혜의 빛 대신 번쩍이는 네온사인을 찾습니다.

그러면서도 곤경에 처하면 사람들은 이런 빛을 찾아 헤맵니다.

눈부처 33_ **인내**

삶이란 흐름 안에 인내의 순간들은 중요한 지점에는 늘 함께 따라 붙습니다. 500원 넣고 빼먹는 커피처럼 뚝딱 뚝딱 처리되는 일이란 거의 없습니다. 그럼에도 현대인들은 속성 코스, 인스턴트, 기성품, 즉석식품, 단축 등에 너무 익숙해져 있습니다. 건강에 좋든 말든 돈만 있으면 세계 곳곳 음식을 즉시 맛볼 수 있습니다. 옷, 가방, 신발, 온갖 기기들은 말할 필요도 없습니다. 심지어 상당한 가정들이 하루 한 끼도 집에서 식사를 하지 않고 식당에서 해결한다는 믿기 어려운 이야기도 들었습니다.

"금 나와라 뚝딱!"

다들 도깨비 방망이 하나씩 들고 마음대로 두들겨대는 세상에 살고 있습니다. 기다리고 숙성되고 곰삭는 것에는 완전히 외계인이 되었습니다. 그런데 또 남이 인내롭게 숙성시켜 놓은 것, 푹 삭은 것은 또 발품 아끼지 않고 찾아다닙니다. 홍어와 보리굴비, 청국장, 치즈가 10년 이래 환영받는 식재료가 되었지요.

그래도 자신의 삶에서 푹 삭는 시간, 냄새나고 열나고 남들이 피해가고 빛나는 일 없는 그런 시간들은 아예 쫓아내 버리고 만 것 같습니다. 심지어 영성 생활에서마저 인스턴트를 찾습니다. 침묵과 고독, 황량함을 견디고 자신의 내면 안으로 들어가기보다 어디선가 마련해 놓은 힐링 프로그램, 마음수련 등 돈을 주고 시간을 내가며 찾아다닙니다. 그러다 약 효과가 떨어지면 다시 새로운 프로그램을 찾습니다.

진정한 것일수록 사막, 어둠, 광야, 황량함 즉 숙성의 시기가 반드시 필요합니다. 인내란 어려울 때만 이빨 깨물고 참아내는 것이 아니라, 삶이 성숙하는 데 있어 필요불가결한 단계입니다.

눈부처 34_ **제 살 파먹기**

부정적 보기의 또 한 예로 저 안경은 '제 살 파먹기'를 떠올릴 수도 있습니다. 뱀이 자기 꼬리인 줄도 모르고 먹다가 제 생명을 스스로 파먹어 버리는 그런 장면을 그린 그림도 있지요. 발톱이 살을 파고들면 그 아픔이 참 자극적입니다. 실제로 건강하다면 제 살을 파먹을 때는 처참한 고통이 따르기 마련입니다만, 병든 몸은 그것을 느끼지 못합니다.

이것이 영적인 것이 될 경우는 생각보다 자주 일어나는 현상입니다. 자기 살, 자기 피, 자기의 추억을 파먹고 살아가는 것이지요. 파먹은 후 허허로움은 더 견딜 수 없고, 다른 것을 향해 나아갈 용기도 없으니 더더욱 자기 살, 자기 것을 파먹어 들다 나중에는 바람이 되어 버리고 마는 것입니다. 니힐리즘, 허무주의 이런 것에 경도된 사람들에게서는 이런 경향이 아주 짙습니다. 죽음의 그림자입니다. 자기 꼬리를 먹는 뱀의 모습이지요.

사회적으로 이런 현상은 참 많은 이들을 궁지로 몰아넣습니다. 현대에 들어 산업 위주의 세상이 되면서 산업 발전을 위해 노동자는 희생될 수밖에 없는 것으로 당연시 되었습니다. 회사가 어려움에 처하면 사장은 뒷돈 챙겨도 제일 먼저 손대는 것이 직원들의 봉급이요, 그래도 안 되면 정리해고, 더 나아가면 회사 문을 닫는 것이지요. 그 극단의 경우가 평택 쌍용자동차였습니다. 그렇게 많은 노동자를 해고했는데, 사실은 회계상의 조작이었음을 언론조차 밝혀주지 않았습니다. 29명이 이 허무의 바람을 이기지 못하고 귀한 목숨들을 던지고 말았습니다. 그러나 잘린 꼬리들이 뭉치고 뭉쳐 끝까지 싸운 이들도 있습니다. 그리고 역사에 남을 일, 그들은 공장으로 되돌아갔습니다.

이것은 세상이 자신의 살을 파먹는 경우이지요. 세상은 하도 커서 초기에는 이쪽에서 파먹고 저쪽을 살찌웠으나, 시간이 흐르자 파인 곳은 점점 더 허물어지고 더는 견딜 수 없는 잘린 꼬리들의 함성이 터져 나왔습니다. 너무 한쪽만 파면 세상은 스스로 균형을 유지하려 하는 법이니까요. 자기 살을 파먹은 이들의 건강하지 못한 모습들이 심심찮게 언론을 장식합니다.

사람도 세상도 자기 살을 먹는 것이 아니라, 남의 보시, 남의 몸으로 살도록 창조된 존재니까요.

눈부처 35_ **제 살 퍼주기**

제 살 파먹기와 함께 보아야 할 것이 제 살 퍼주기입니다. 먼저 엄마가 아이를 낳는 일은 제 살 퍼주기의 첫 번째이지요. 박혁거세처럼 어미 없이 알에서 튀어나오든가 하늘에서 떨어진 생명은 없습니다. 다 어미, 아비가 있습니다.

어미, 아비의 살을 받아 생명이 됩니다. 그러나 인간의 나눠주기에는 한계가 있습니다. 낳은 자식이라 하여 다 열렬한 기다림과 사랑의 결실이 아님을 잘 알고 있습니다. 심지어 자신의 살을 나눈 아기를 버리는 엄마, 아빠들에 대한 이야기가 자주 들려옵니다. 한 배에서 난 자식 가운데도 미운 놈, 고운 놈이 있습니다. 그것이 역사의 역동성을 만드는 신화, 성경, 소설 이야기는 넘치고 넘칩니다.

자식보다 자기를 먼저 챙기는 부모도 적지 않습니다. 자식의 필요는 돈으로 해결하고 자기 계발과 여가를 위해 집에 붙어 있을 날이 없는 부모도 많습니다. 이 정도를 넘어 자기 몸에 대한 권리를 주장하며 뱃속 생명을 없애 버립니다. 물론 그 하나하나의 케이스에 말 못할 사정이 있을 터이지만 어쨌든 제 살 퍼주기가 아님은 분명합니다.

그러나 하느님의 제 살 퍼주기에는 한계가 없습니다. 예수는 십자가의 길 직전 아예 자신의 몸과 피를 이렇게 허기진 인간에게 참 생명의 양식으로 내어줍니다. 이것이 미사요, 성체성사입니다.

위에서 본 것처럼 제 살을 파먹는 바람의 족속에 한 번도 속하지 않았던 인간은 없을 것입니다. 허무의 바람, 한 번 맞아봐야 어쩌면 인간다워지는지도 모릅니다. 그러나 끝없이 그 바람만 들이마시면 언젠가는 바람이 되어 흔적도 없이 사라질지도 모릅니다.

몸이 양식을 필요로 하듯, 사람의 영과 정신은 바람이 아니라 영양분, 참 양식이 필요합니다. 그 양식을 헛된 곳에서 찾기에 얻을 수가 없지요. 그 양식은 눈에 보이지 않습니다. 눈에 보이지 않는 가치들만이 사람의 정신과 영을 살찌웁니다.

그것을 위해 생명을 내놓은 예수님, 그리고 이러한 길에 서 있는 수많은 생명의 어미들이 있어 세상은 따뜻하게 유지됩니다.

눈부처 36_ **온유함**

저 투명한 눈에서 온유함이란 말도 떠오릅니다. 모든 것을 옳고 그름, 흑백논리로 갈라놓고 한쪽만을 역성드는 이에게 온유함은 말도 안 되는 소리라는 것은 설명할 필요도 없을 것입니다. 그리고 온유함이란 말을 듣고도 어떤 자책감이 들지 않는 사람은 삶의 다른 차원으로 이미 옮겨갔거나, 아니면 정신이 조금 이상해진 사람, 둘 중의 하나일 것입니다. 그만큼 지니기가 쉽지 않은 덕입니다.

세상만사 뜻대로 되는 일 별로 없음을 인생 중반에 이른 이라면 누구나 인정할 수밖에 없고, 사람으로 생겨먹은 존재는 다 제 뜻이 있어 그 뜻 하나 굽히는 것이 집채 흔드는 것보다 어려우니 여길 가든 저길 가든 부딪침과 충돌, 이해불가능 사건이 우리 삶에 따라 붙지요. 제 속으로 난 자식마저도 부모 속 썩이기를 밥 먹듯 하니 남이야 말할 필요도 없지요. 여기에 사람 속에는 늘 광야의 모래바람이 스산하게 불어대고 있어 누가 건드리지 않아도 혼자서도 괜히 화나고 짜증나는 것이 존재의 현실입니다. 여기에 사람의 욕망이란 끝도 한도 없어 문어발처럼 사방으로 뻗어대지만 잡히는 것은 그다지 많지 않습니다.

인간 존재의 현실은 어찌 보면 참 비극입니다. 이런 존재의 현실을 바닥에 깔지 않은 사람이 과연 있을지요. 여기에 서게 되면 온유함이 왜 그리 어려운지 쉽게 납득이 됩니다.

예수님은 진복팔단에서 "복 되어라 마음이 온유한 사람들, 그들은 땅을 얻으리니."라고 말씀하셨습니다. 온유함은 땅 그러니까 세상의 온갖 것을 이미 손에 넣은 사람입니다. 그러니 온유할 수밖에 없습니다. 더 얻을 것이 없으니, 더 잃을 것도 없습니다. 아니 얻어도 잃어도 상관이 없습니다. 이미 모든 것이 자신의 것이니까요.

얻음을 소유로만 여기는 이에게는 또 다시 수수께끼, 애매모호한 이야기가 되겠지요. 눈에 보이지 않는 가치를 추구하는 이들에게는 그리 어려운 이야기만도 아닙니다.

온유함을 지녔다 해서 일절 화를 내지 않는다는 이야기가 아닙니다. 그렇게 되면 그것은 로봇이지요. 예수도 여러 차례 화를 냈습니다. 화를 낼만한 일에는 내야 하고, 절제를 못해 성질을 부릴 수도 있습니다. 하지만 온유함을 아는 이는 그런 자신을 쉽게 인정할 수 있습니다. 땅에 속하는 땅의 사람으로서 지니는 약함이지요. 그러나 그 약함에 주눅 들거나 그 화를 누구의 탓으로 돌리지 않습니다.

눈부처 37_ **평화를 이루는 사람**

온유함에서 자연스럽게 이어지는 덕이 평화를 이루는 것입니다. 눈에 보이지 않는 가치를 추구한 결과의 가장 절정은 평화를 이루는 일일 것입니다. 눈에 보이는 가치는 아무리 고상한 것일지라도 한 개인의 자기 성장을 목표로 하기에 어쩔 수 없이 누군가와 경쟁 구도를 만들게 되고, 누군가는 거기서 뒤처지는 사람이 나올 수밖에 없습니다.

그런데 눈에 보이지 않는 가치를 추구함에는 이런 일이 없습니다. 눈에 보이지 않기에 실제적인 성과도 있을 수 없고, 서로 비교한다는 것 자체가 이미 눈에 보이는 가치가 되어 버리기 때문입니다. 다시 말하면 눈에 보이는 온갖 가치들은 그 자체가 나쁜 것이 아닙니다. 그것은 오히려 그것을 향한 인간의 탐욕으로 인해 그 물이 들어 버린 것이지요. 사실 이 탐심이 없이 그러한 가치를 추구할 수도 없기에 어쩌면 분리할 수도 없는 한 몸의 양면인지도 모릅니다.

가치와 그것을 찾는 인간의 탐심은 돌고 돌며 한 원을 이루기에 그 원을 돌고 있는 한 거기서 벗어날 수가 없습니다. 그리고 이 원은 겹치고 겹치며 복잡한 그물을 이루어, 세상 전체가 아수라장이 됩니다. 개인의 탐심은 결코 개인으로 머무는 일이 없으며, 사회적 차원으로 나갑니다. 그리고 이 방향은 서로 다른 그룹끼리의 분쟁, 국가 간의 전쟁으로까지 번져갑니다. 인간의 탐심이 멈추지 않는 한 이 세상에서 전쟁이 끊어지는 일이 없을 것이며, 평화도 요원한 것으로 보입니다.

그 늪을 빠져나오는 유일한 길은 눈에 보이지 않는 가치를 추구하는 길입니다. 역사 안에서 세상이 비교적 편안한 시기를 살펴보면 영성이 발달한 시기와 일치함을 보게 됩니다. 즉 영성, 눈에 보이지 않는 가치만이 인간의 탐심의 자리를 제대로 보게 하고 타인의 눈에 눈물을 흘리게 하는 탐심을 내려놓게 해 줍니다.

세상에 평화를 이루는 사람은 이러한 영성을 일구는 사람일 것입니다. 역사 이래 단 한 번도 없었던 평화의 시대를 열자고 할 수야 없겠지요. 사람의 목숨이 끊어지지 않는 한 탐심이 없어질 수는 없고, 서로간의 분쟁과 이익 다툼도 멈추지 않을 것입니다. 평화는 환상을 보는 일이 아니기 때문입니다.

그래도 평화를 일구는 사람이 될 수는 있습니다. 아수라장 세상에 한숨과 절망으로 가라앉기보다 자신이 속한 공간만이라도 평화의 땅이 되게 하는 사람들이 있습니다. 그리고 그 씨앗은 반드시 다음 세대로 싹과 열매를 전달해 줍니다.

그 유명한 예수의 산상설교 제일 마지막이 "평화를 이루는 사람은 복 되다. 그들은 하느님의 자녀들이라 불릴 것이다."입니다. 그렇지요. 평화를 이루는 사람은 땅에서 이미 신성에 참여하는 것입니다.

진복팔단처럼 이 글의 마지막 역시 평화를 이루는 사람으로 맺고자 합니다. 우리가 몸부림, 마음부림으로 이루고자 하는 모든 것이 이쪽으로 수렴된다고 볼 수 있지 않을까요. 평화의 시대는 역사 이래 한 번도 이루어지지 않은 요원한 일이지만, 수많은 사람들이 이에 헌신한 것이기도 합니다. 내 삶이 아니라 모두의 삶, 인간만이 아니라 동물, 식물, 온 지구가 함께 평화롭게 공존하는 데 헌신하는 사람이 없었던 적은 없습니다. 이들의 다른 점은 다른 이들은 평화가 없다 탄식할 때 단 한 걸음이라도 나아갔다는 사실입니다. 오늘도 이렇게 한 걸음을 떼는 사람이 있음을 믿어 의심치 않습니다.

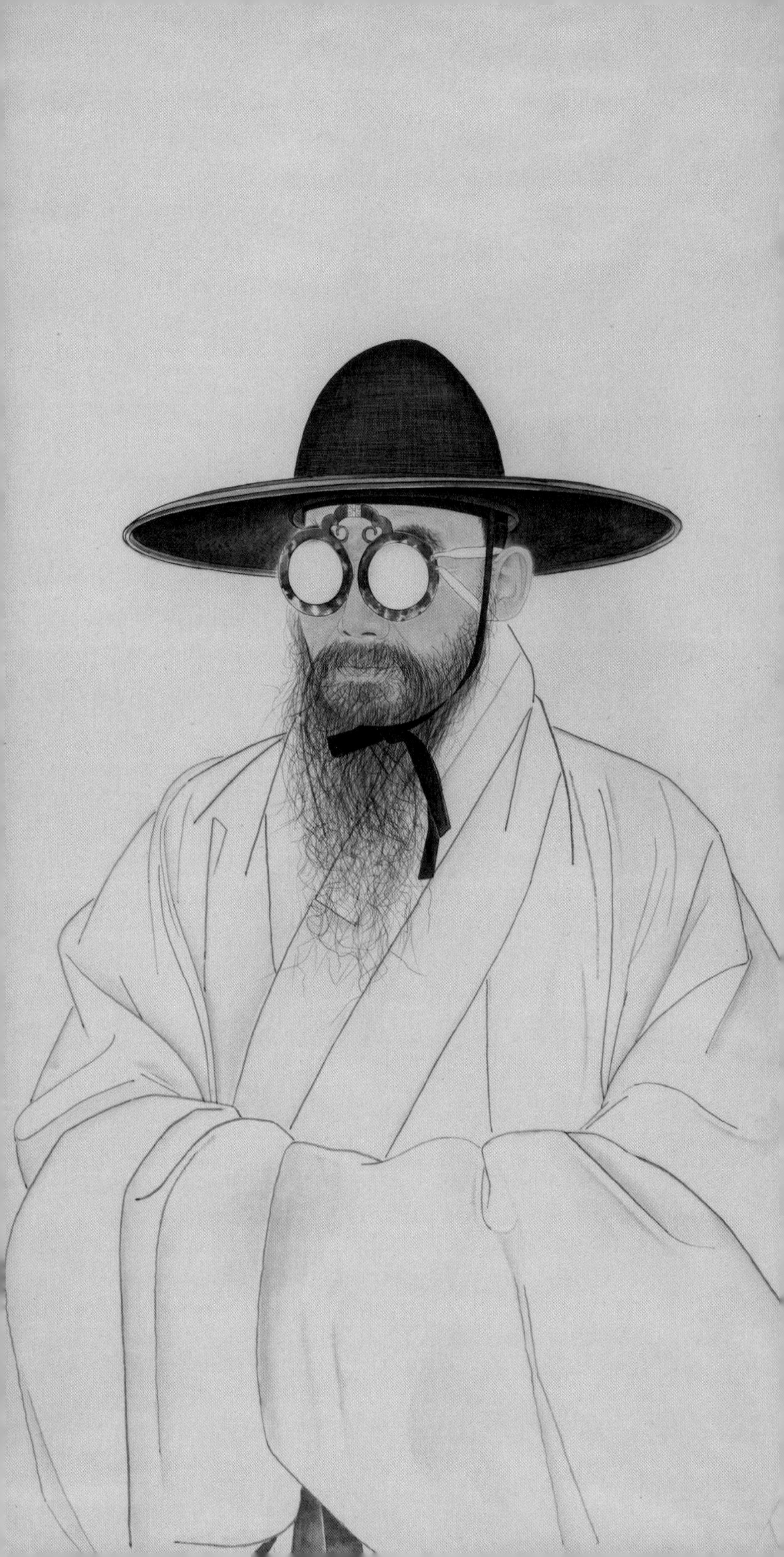

[이 그림 하나의 화론 - 사유의 경련]을 엮으며

나는 이 그림 한 점을 두고 몇 사람하고 대화를 하였다. 나의 제작 의도와 완성된 후의 작품에서 받은 느낌은 다양한 날줄과 씨줄의 얽힘 같은 느낌이었다. 나는 그동안 나의 작품에 대한 감상자의 다양한 해석과 견해를 존중해 왔다. 예술작품은 시대 또는 사람마다 바라보는 관점이 있다. 그래서 작품은 작가의 손을 떠나는 순간 작가의 것이 아니라 감상자의 것이라는 이야기도 듣는다. 즉 작품은 받아들이는 자가 완성한다는 말이 실감이 났다.

나는 나와 인연이 깊은 사람들에게 작품을 보여 주었다. 그들은 내 그림에 대한 이해와 해석의 결이 조금씩 달랐다. 그들의 의견을 귀담아 들으면서 나는 작가 정신과 이 정신을 작품 제작 과정에서 어떻게 현실화시켜야 좋은지 나의 문제로 귀결시켜 성찰하게 되었다. 나에게 이점은 무척 흥미롭게 다가왔다. 또한 그런 감상평은 작가를 위한 것이기도 하지만 작품을 감상하는 관람객들에게도 모범적인 관전평이 될 것이라는 생각도 들었다. 나 혼자만 담고 있기에는 너무 소중해 보였다.

나는 그동안 수묵화가로서 인물화를 주로 발표해 왔다. 인물화의 핵심적 요소는 전신사조에 있다. 전신사조에서 눈의 표현은 매우 중요한 요소이다. 눈은 한 인물의 정신은 물론 생명력까지 나타낸다. 그것이 고개지 이후 현재까지 내려 온 화론이었다. 나는 그동안 이런 화론을 수용하는 입장에서 살아있는 시대정신을 표현하기 위해 능력의 범위 안에서 노력해 왔다. 그러면서 사물과 사물의 뒤에 숨어 있는 의미망에 관심을 가져왔다. 많은 고민과 번민의 시간이 있었다.

인물화의 핵심인 눈을 생략해 버린다면 아니 눈을 지워버린다면 아니 아예 그리지 않는다면 그건 인물화로서 존재 가치가 없는 것일까? 핵심을 숨기면 죽은 인물화가 되는 것인가?

나는 본디 부족함이 많은 화가이다. 모자라면서도 전통을 재검토하고 재해석하여 미술사적 성과에 도전하고 싶은 욕심은 있다. 그래서 인물화의 정점인 눈을 지우고 비웠다. 지우고 비워 미완성인 상태가 되었는지 아니면 지우고 비우니 오히려 뜻은 확장되었는지는 유보하기로 하자. 그러나 나의 관점에 머물렀던 시각이 타자와 또 다른 타자 그리고 사방이 거울인 엘리베이터 속의 나를 보는 것처럼 무수한 내레이터의 시선으로 바뀌고 있음을 느낄 수 있었다.

결국 〈시선의 경련〉이라는 작품은 이렇게 탄생되었다. 그래서 이 그림은 일상적이지 않은 시각물이 되었다. 그런데 작품을 감상하는 이들의 의견은 그린 자의 의도와는 별개로 이런 저런 이야기로 실로 다양했다. 이를 듣는 게 재미있었다. 그래서 이 그림을 다양한 계층의 사람들에게 보여주며 그들의 뜻과 느낌을 듣고 싶은 욕심이 생겼다. 그래서 나와 가까운 지인들에게 보여주기 시작했다. 실제 작품을 실견하게 했고 실제 크기로 인화하여 보여 주는가 하면 이메일 등으로 대형 파일을 전송하여 보다 정밀하게 접할 수 있도록 했다.

그림에 대한 느낌은 어떤 형식이나 기준을 제시하지 않았고 자유롭게 글쓰기를 주문했다. 기간도 정해 주지 않았고 글의 양도 말하지 않았다. 그림을 보여 준 지 짧게는 일주일 길게는 2년이 걸렸다. 어느덧 모인 글을 보니 상당한 분량이 되었다.

그 사이 작품은 그 가치를 아는 분의 소장품으로 들어갔다. 작품은 팔렸지만 작품에 얽힌 그 동안의 이야기와 글을 쓴 사람들의 번쩍이는 숨소리를 작품을 보지 못한 사람들과 공유하고 싶었다.

어려운 시기에 작품을 구매하여 지난한 화가에게 작품에만 열중하도록 한 분, 화가의 고민에 답해 준 여러 필자와 이분들의 고귀함을 책으로 엮어 귀티나게 만들겠다는 선출판사 김윤태 대표의 후의에 감사드린다. 그리고 이미 남의 것이 되어 버려 경제적 이득이 없는 전시임에도 의미를 더해 준 아트파크 갤러리 박규형 대표에게도 두터운 고마움을 전한다.

2021. 7. 김호석

김호석의

시선

그리고

작품

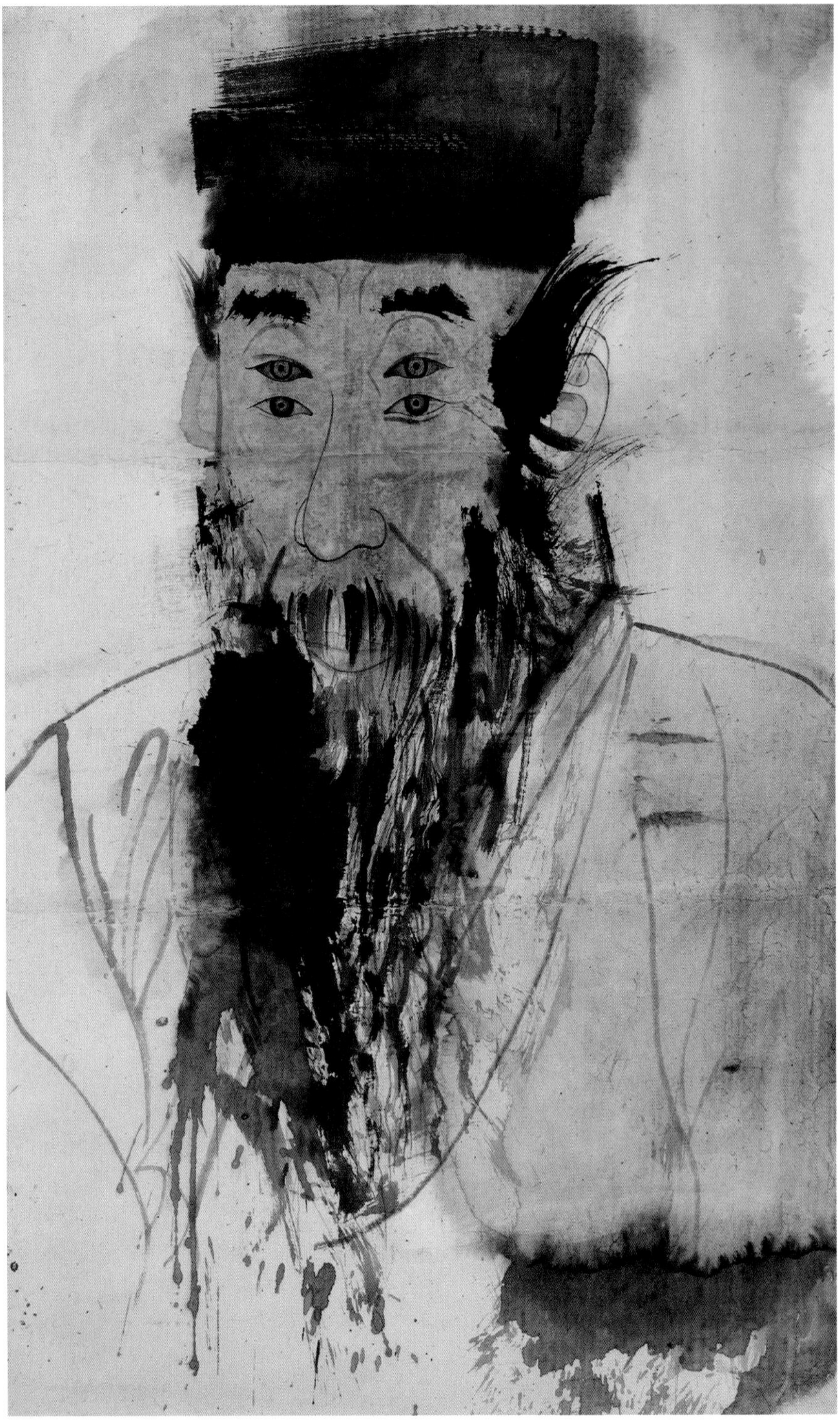

황희 정승, 135×100cm, 종이에 수묵 채색, 1988

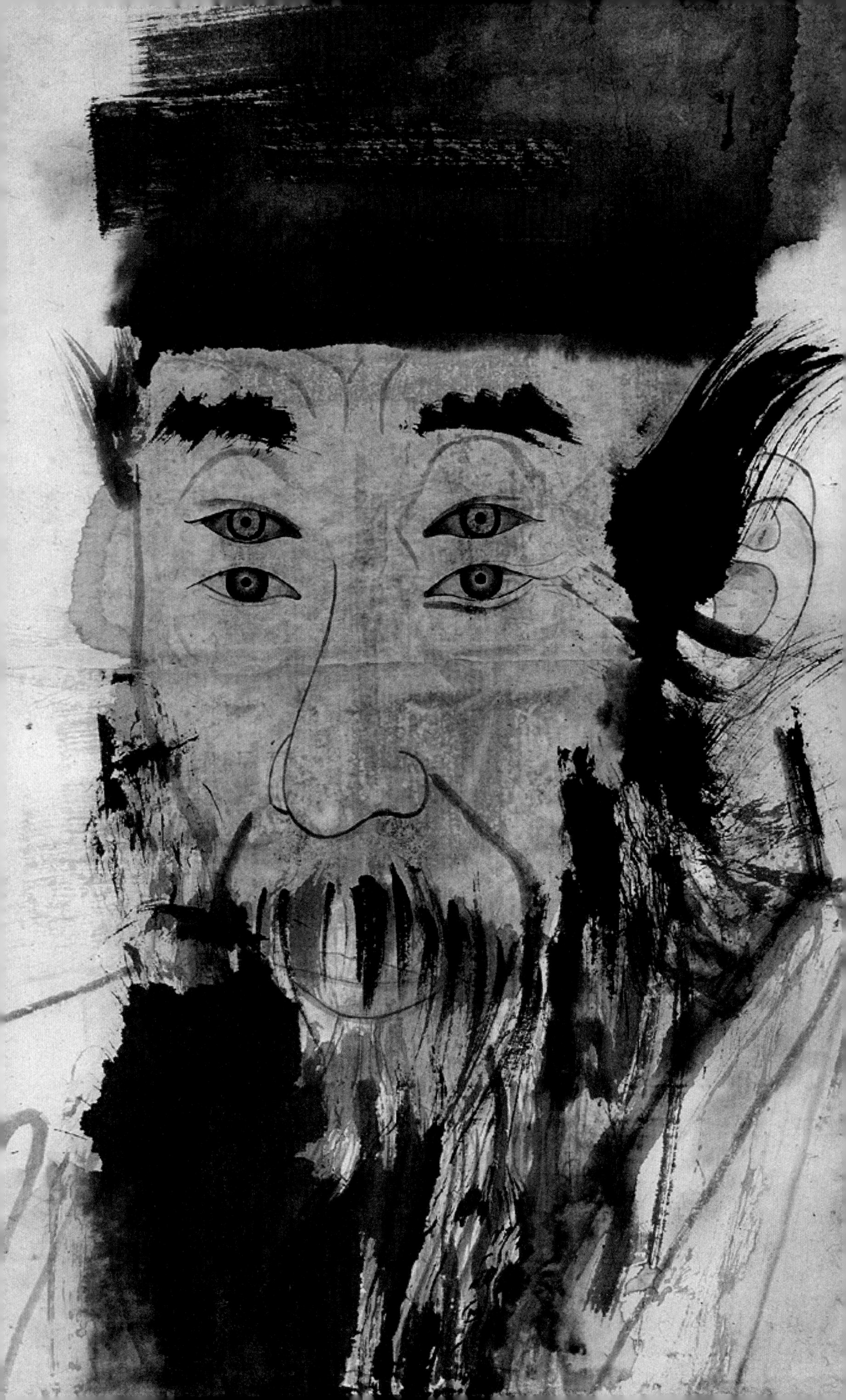

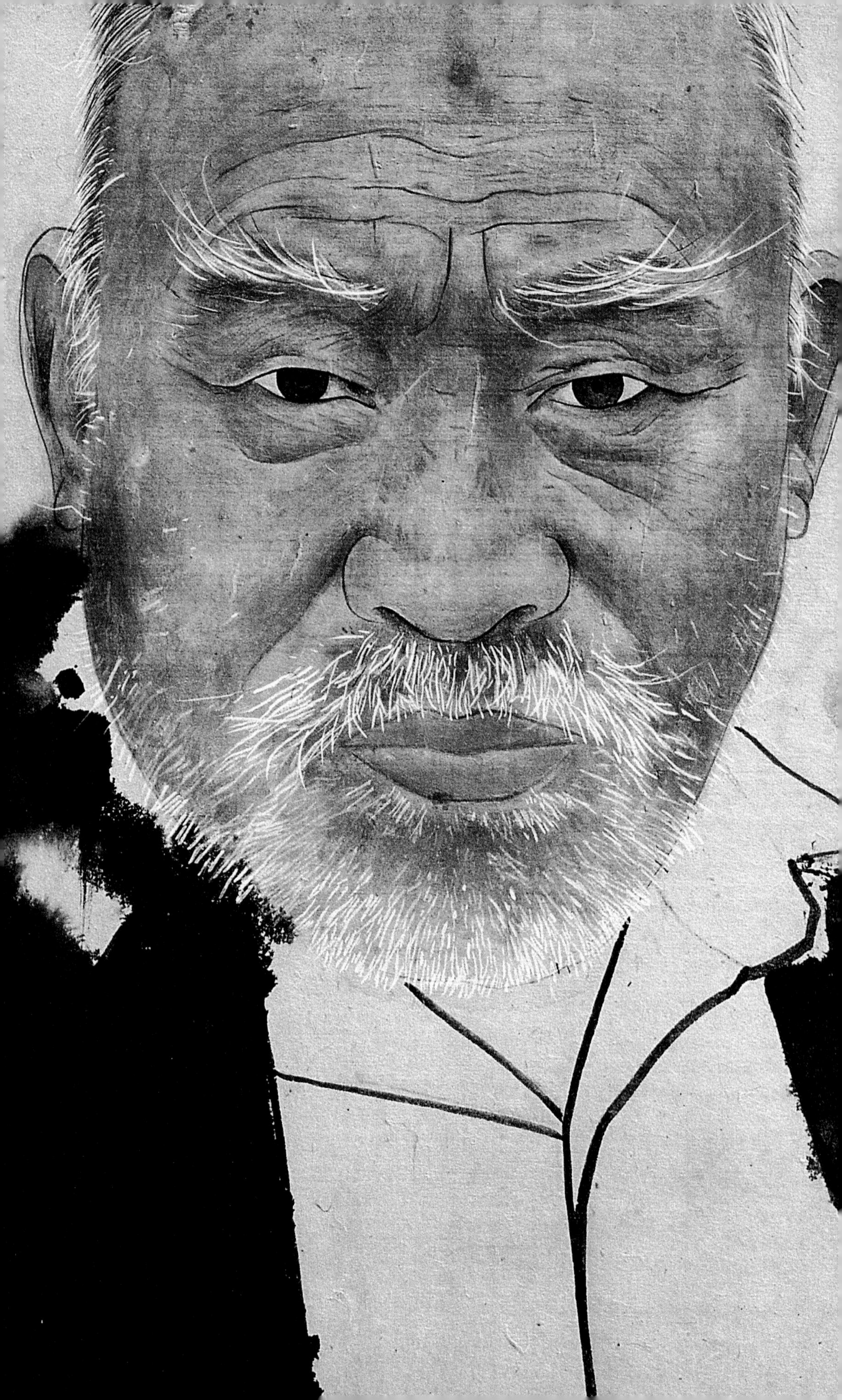

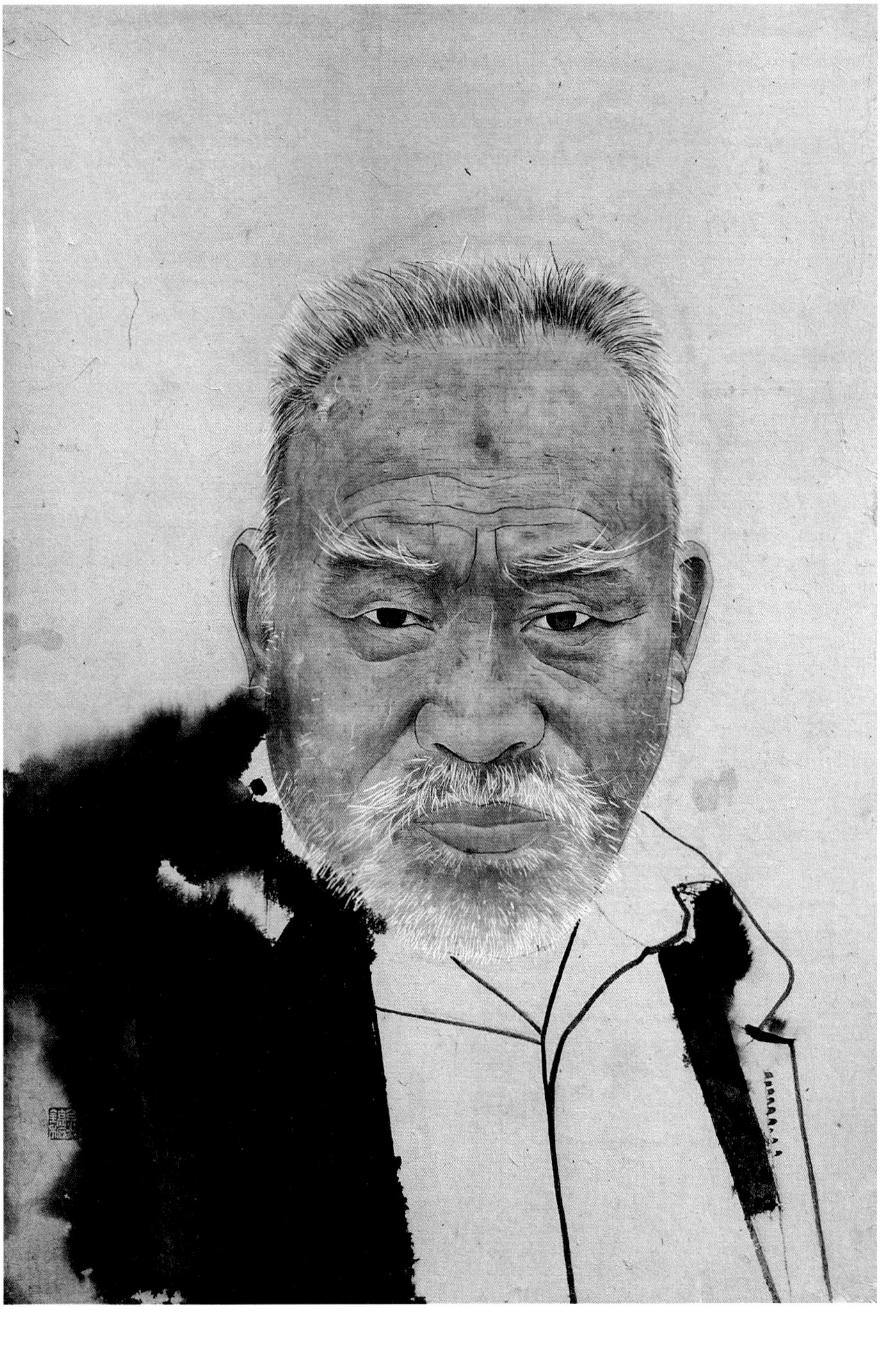

우리시대의 초상, 95×65cm, 종이에 수묵 채색, 1990

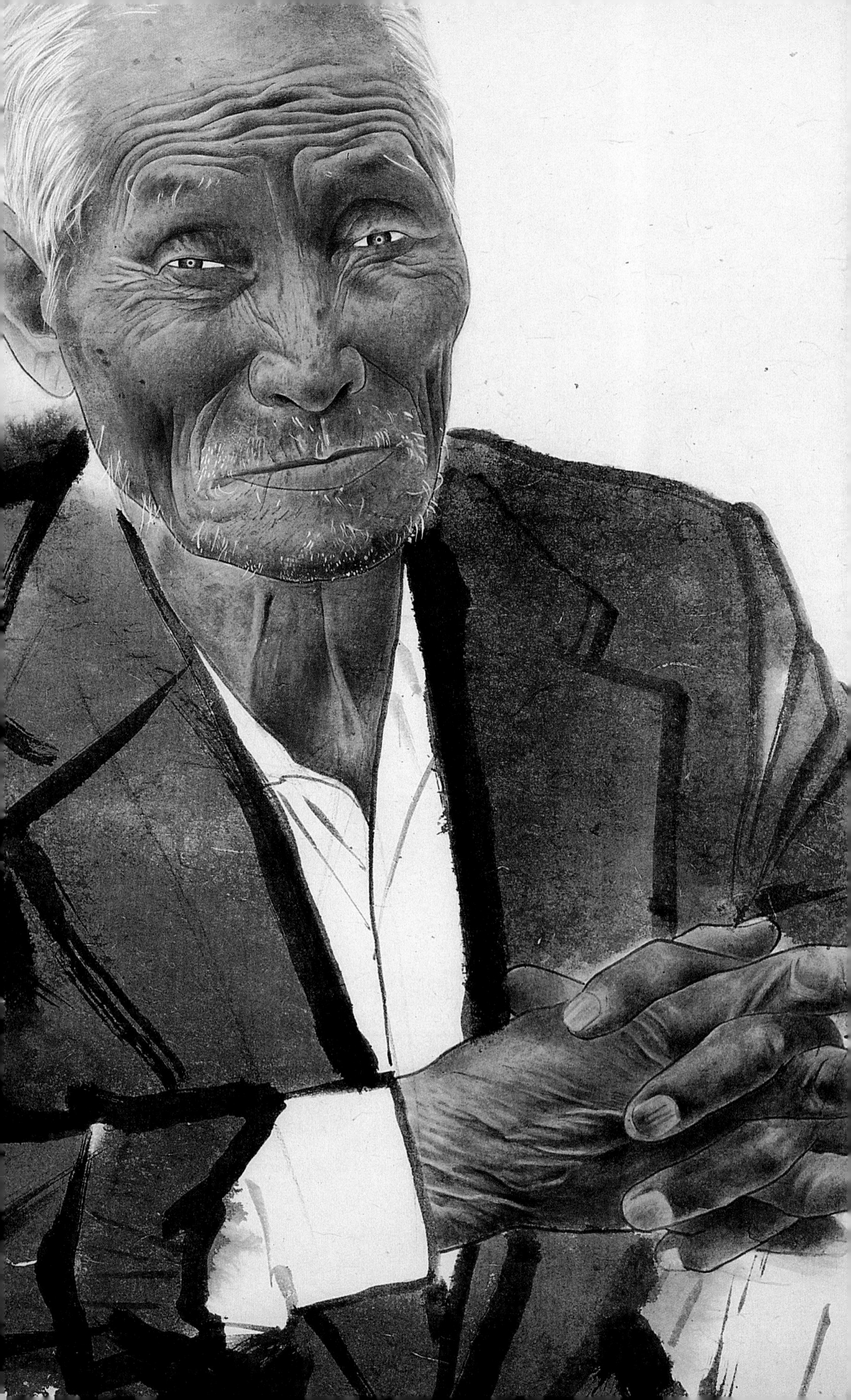

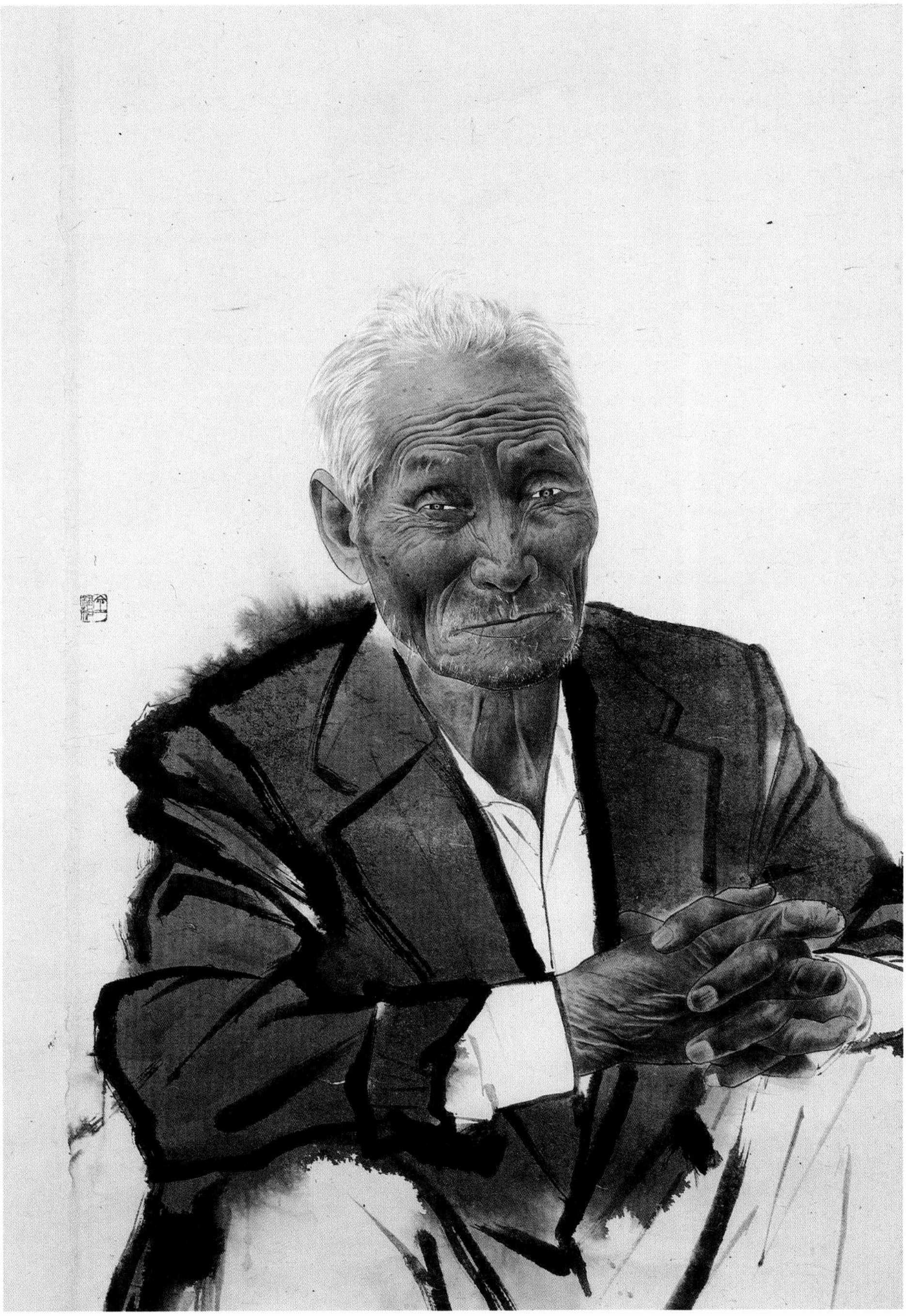

분노를 삭이며, 146×104cm, 종이에 수묵 채색, 1992

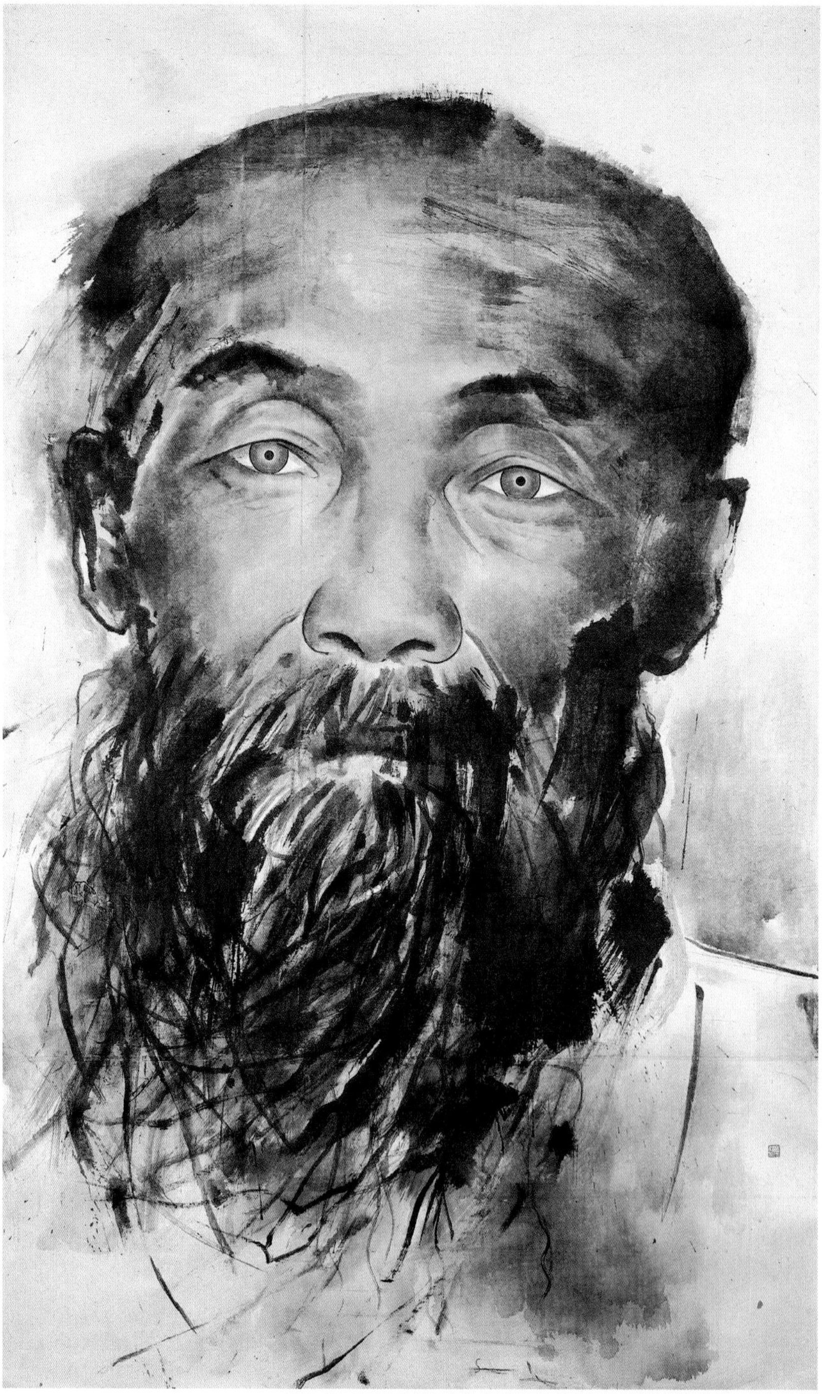

도산 안창호, 242x120cm, 종이에 수묵, 1988

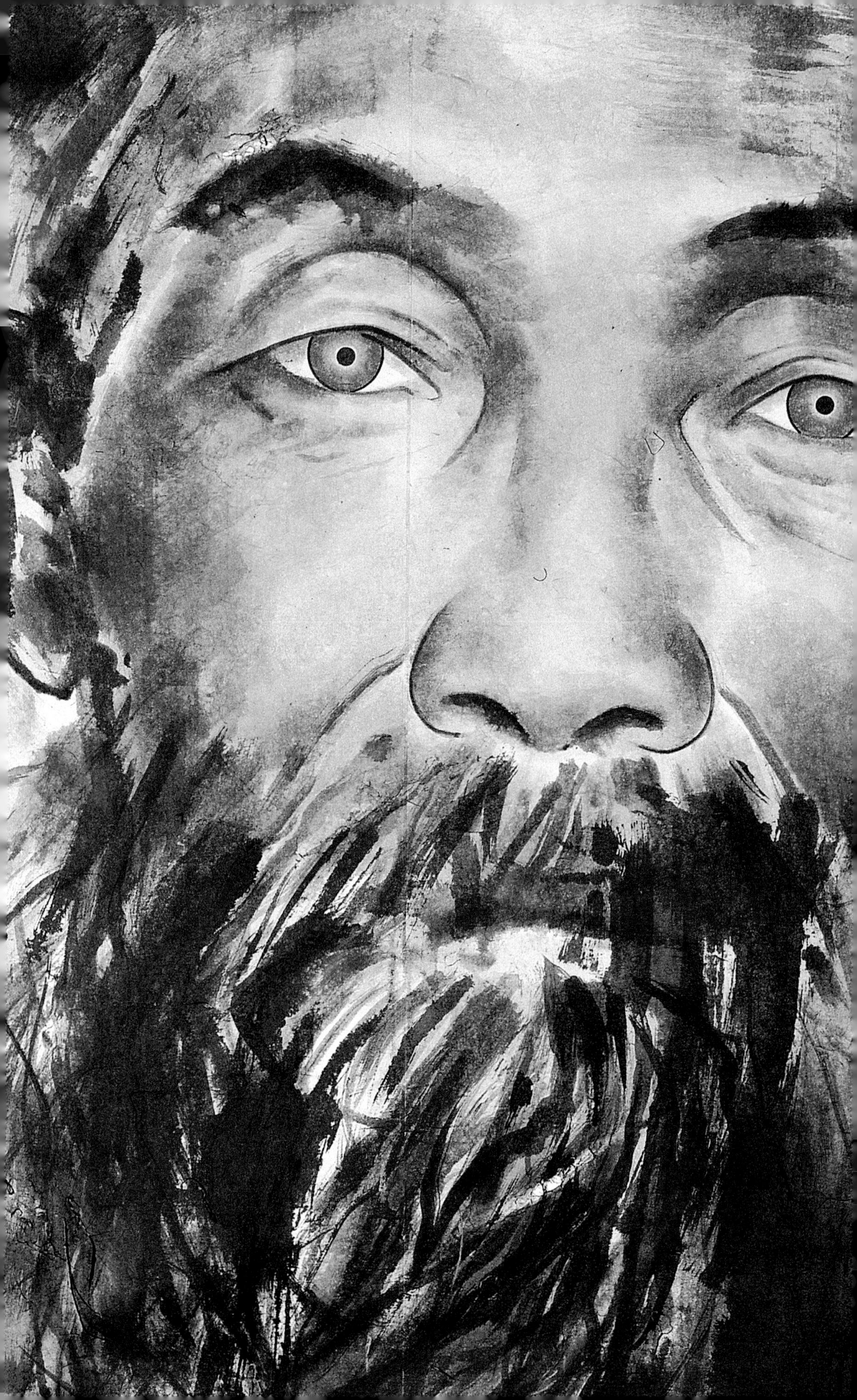

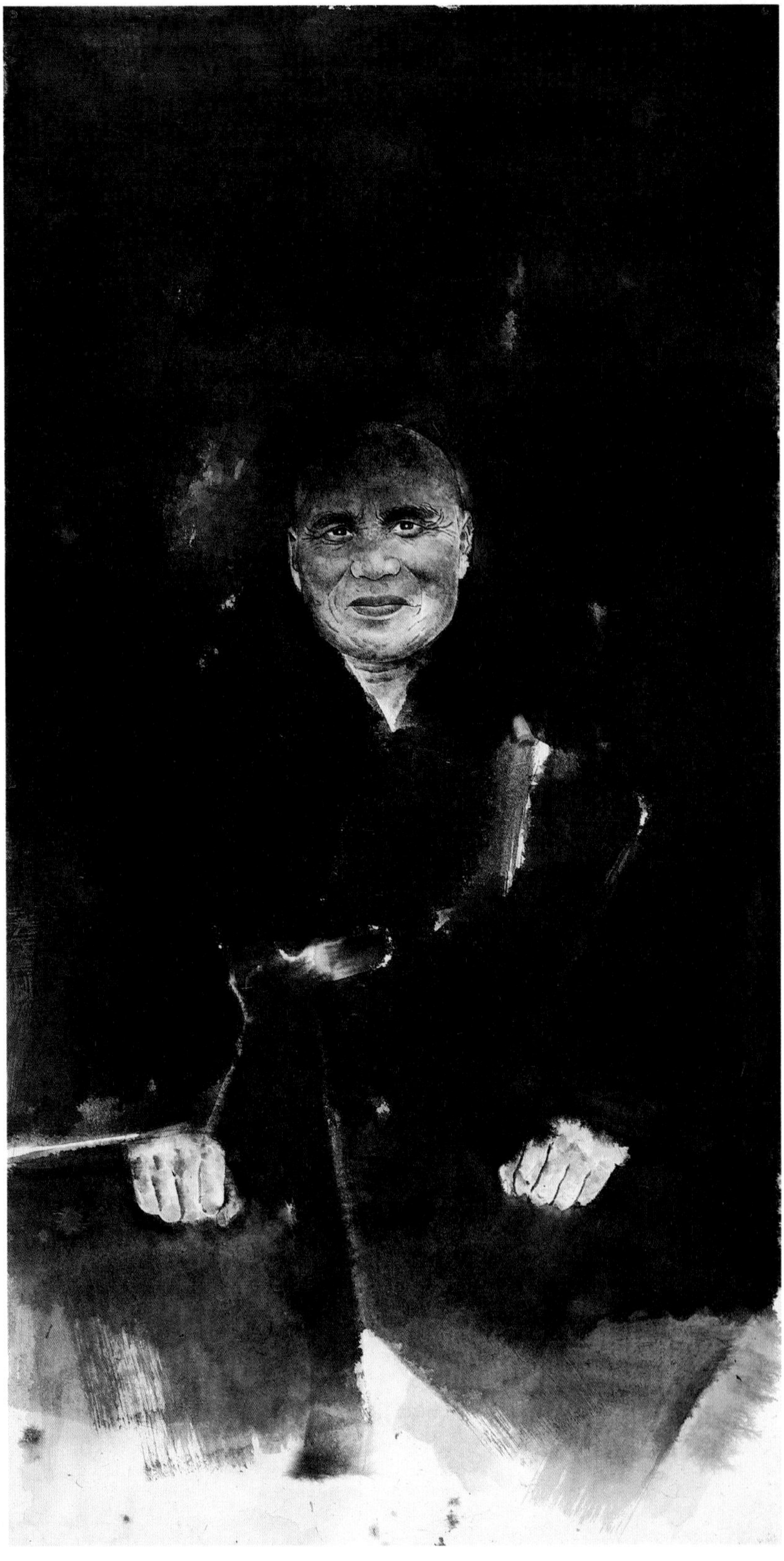

성철 스님, 184×96cm, 종이에 수묵, 1994

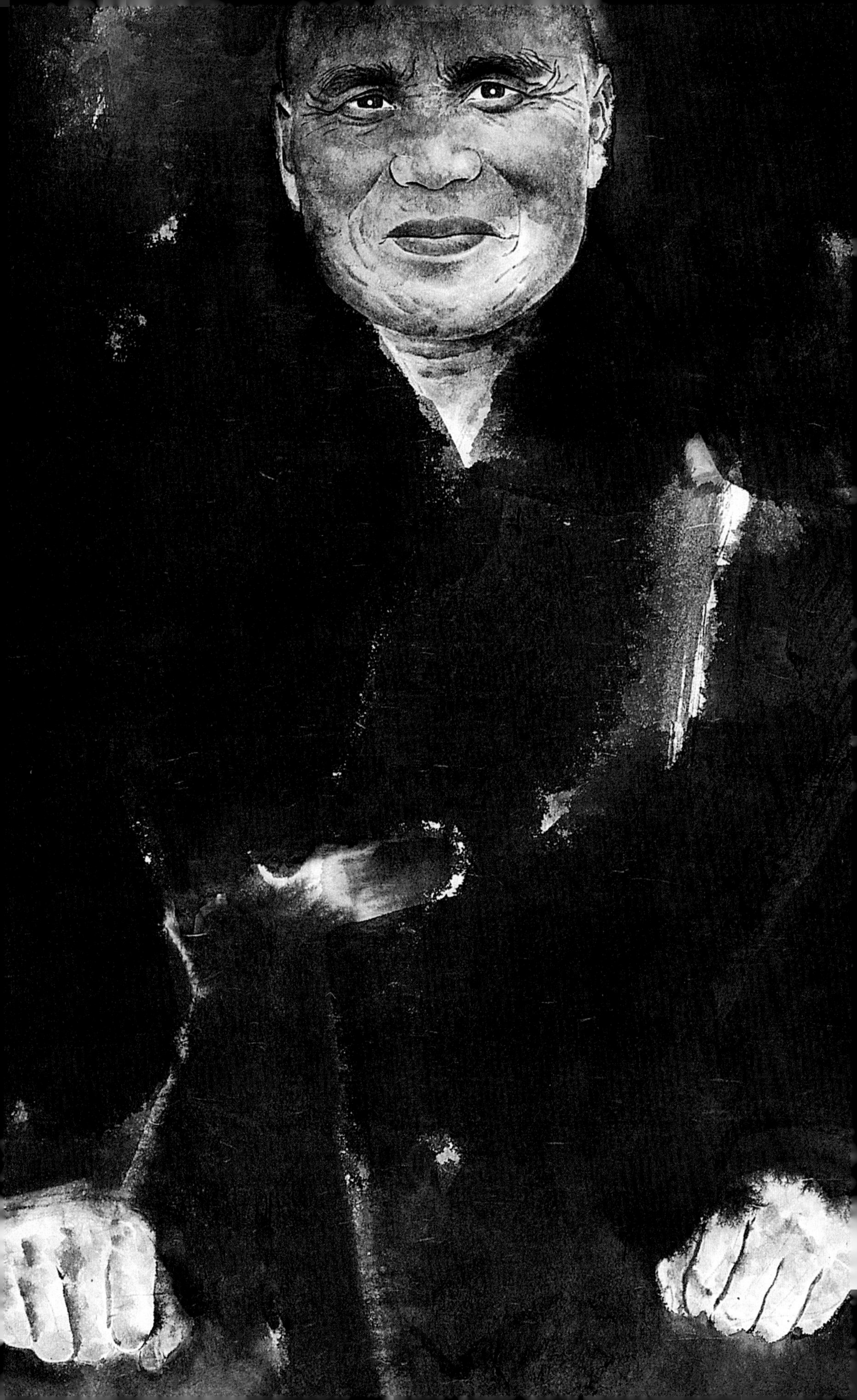

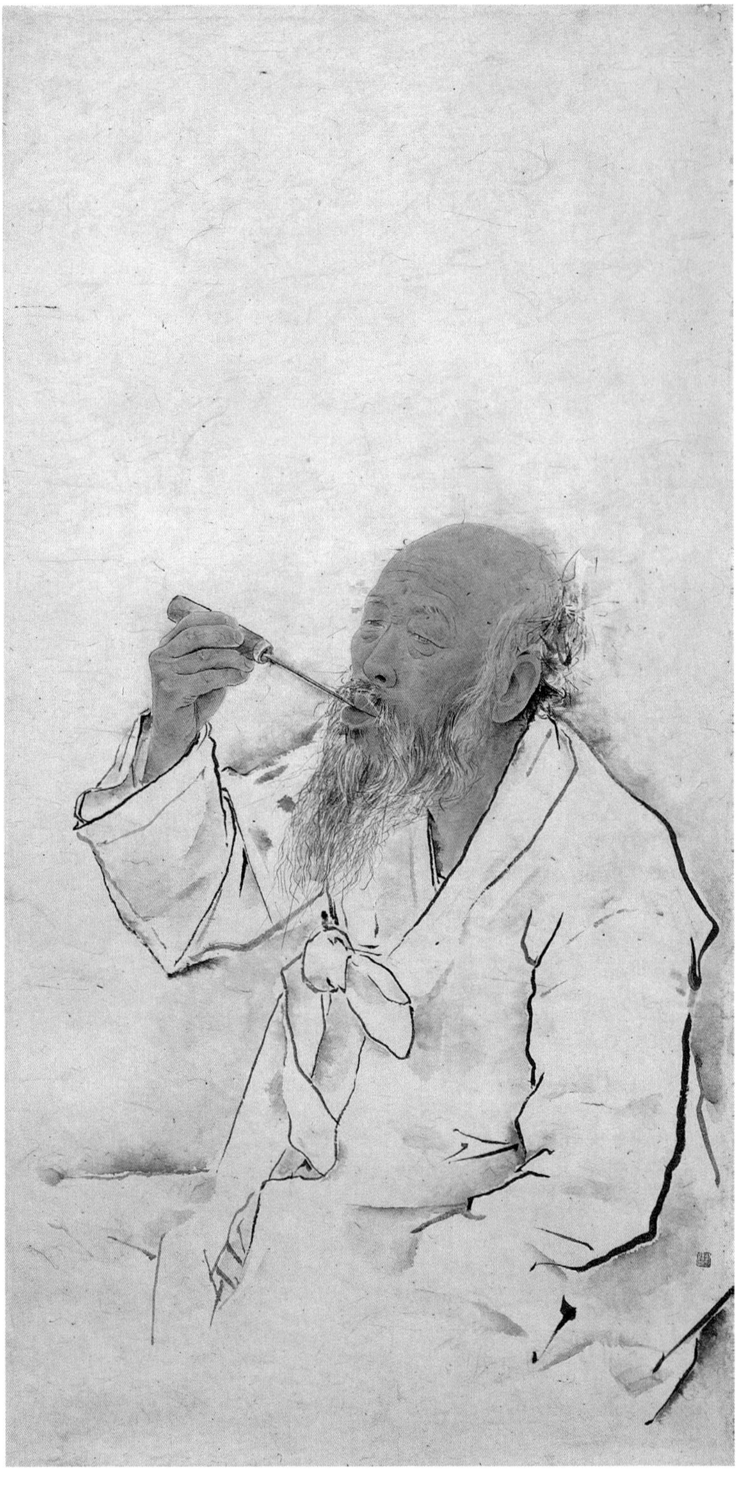

칼 끝에 묻은 꿀, 143×74cm, 종이에 수묵 채색, 2001

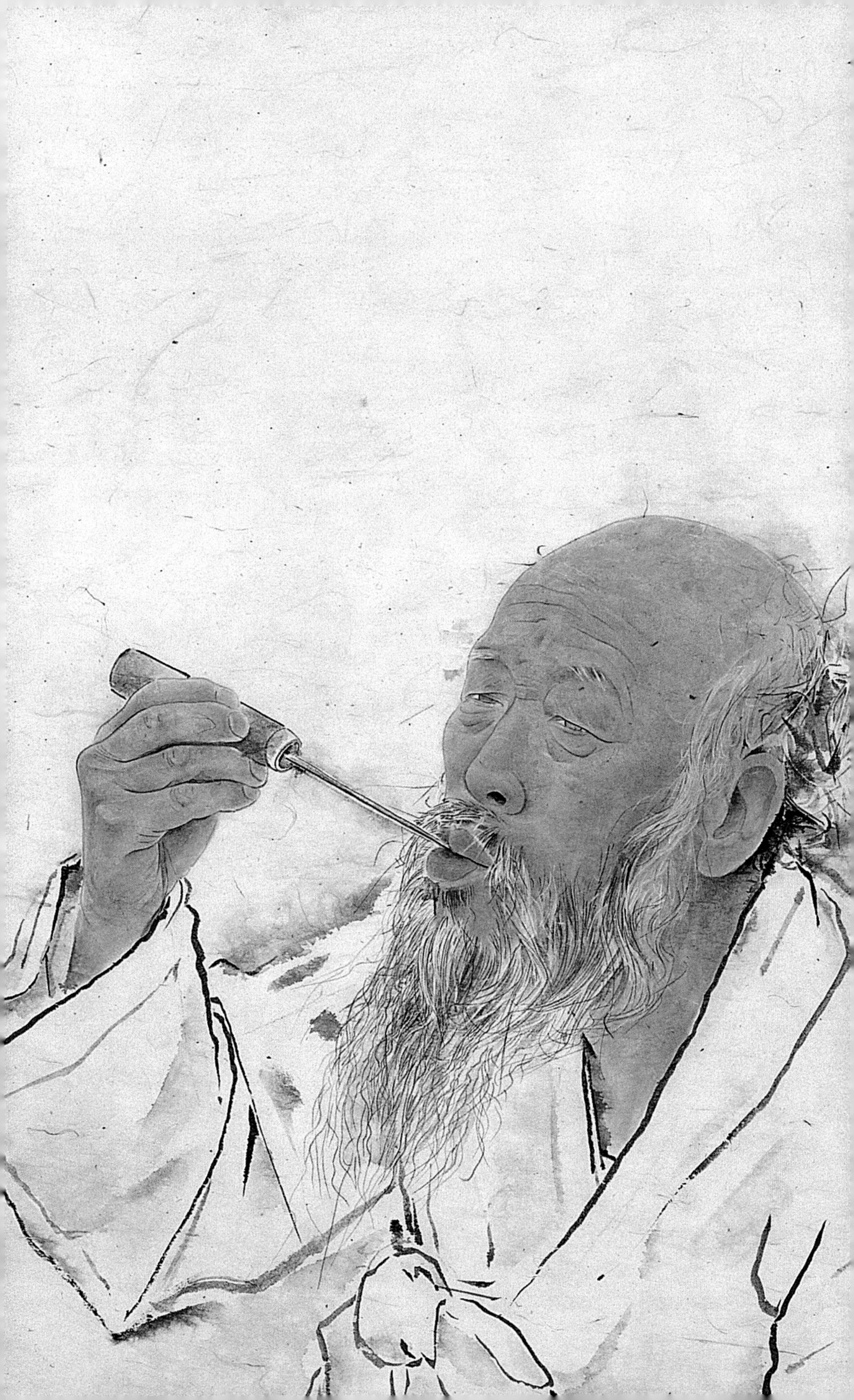

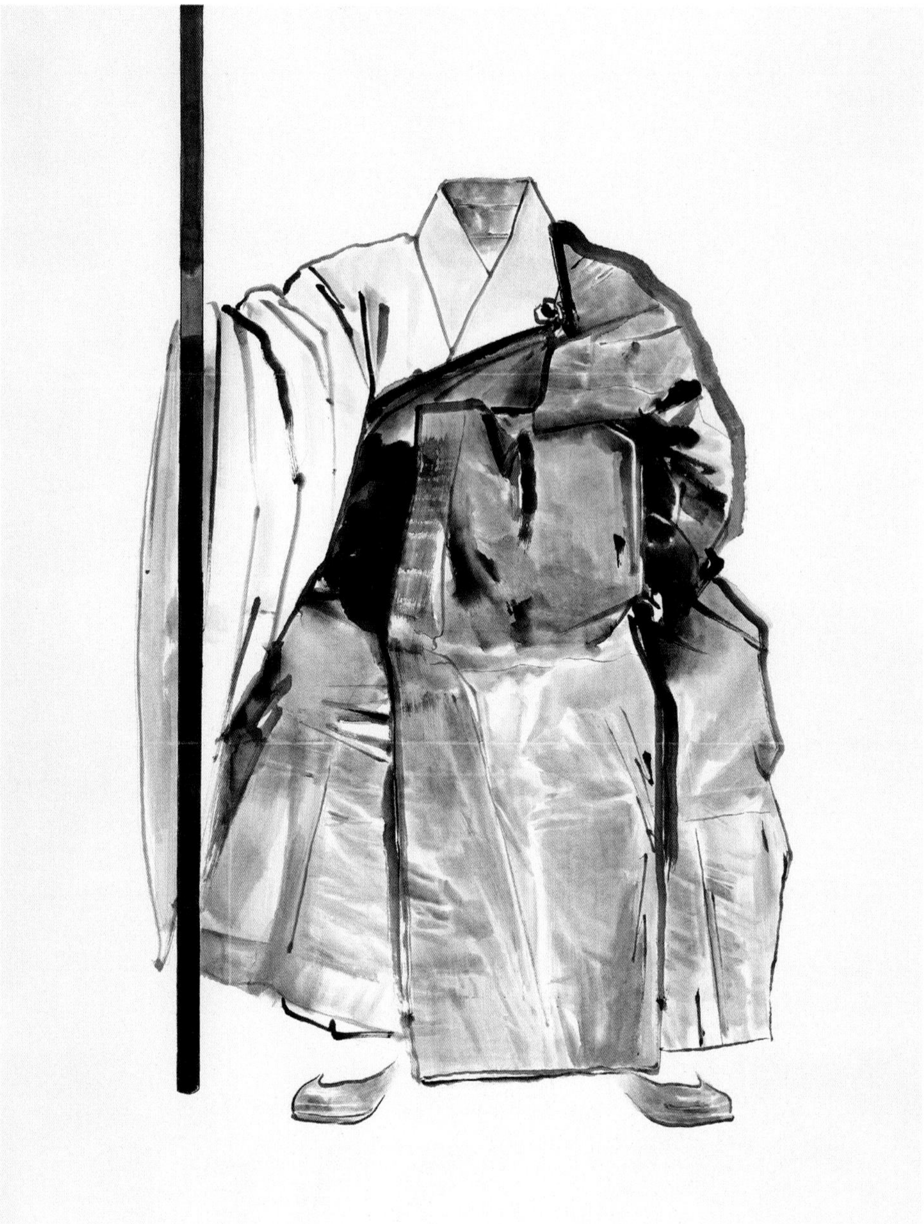

성철 스님, 223×184cm, 종이에 수묵, 1994

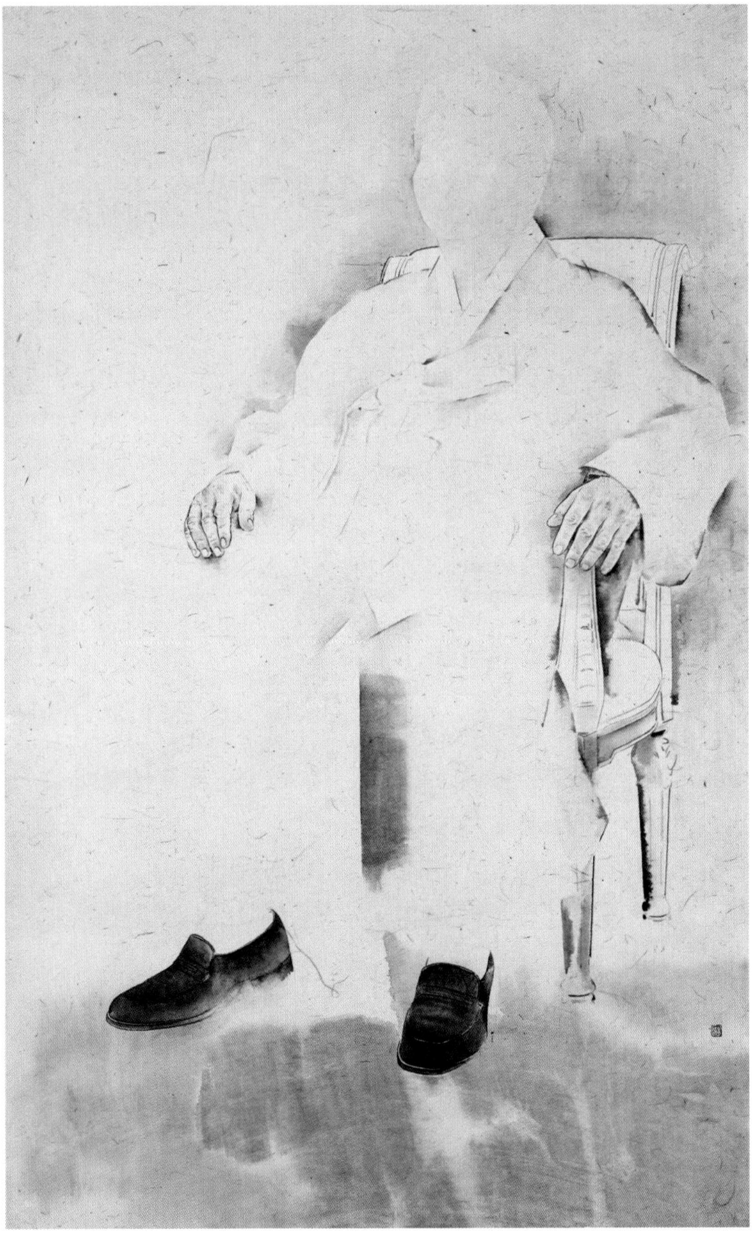

노무현 대통령, 153x95cm, 종이에 수묵, 2012

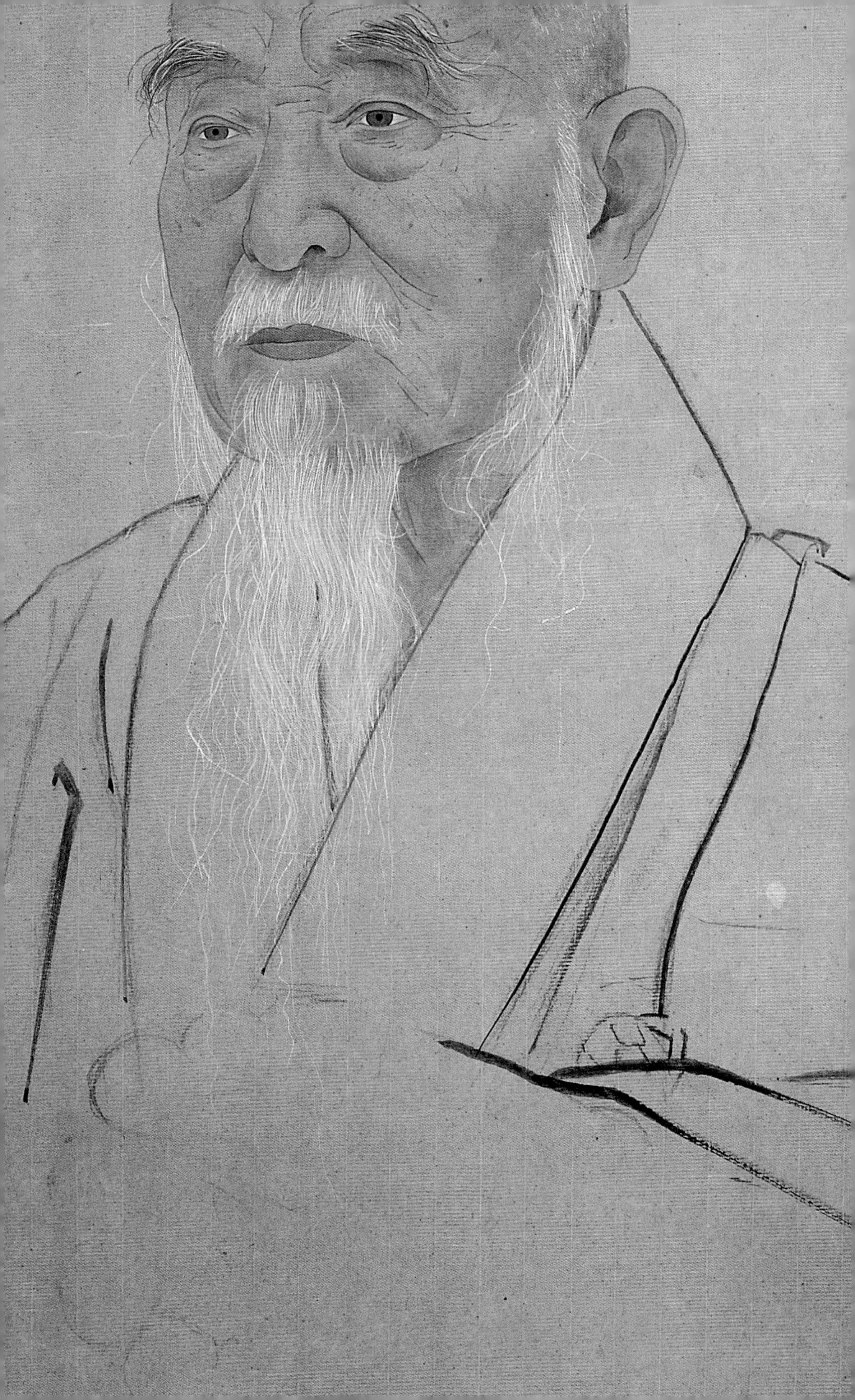

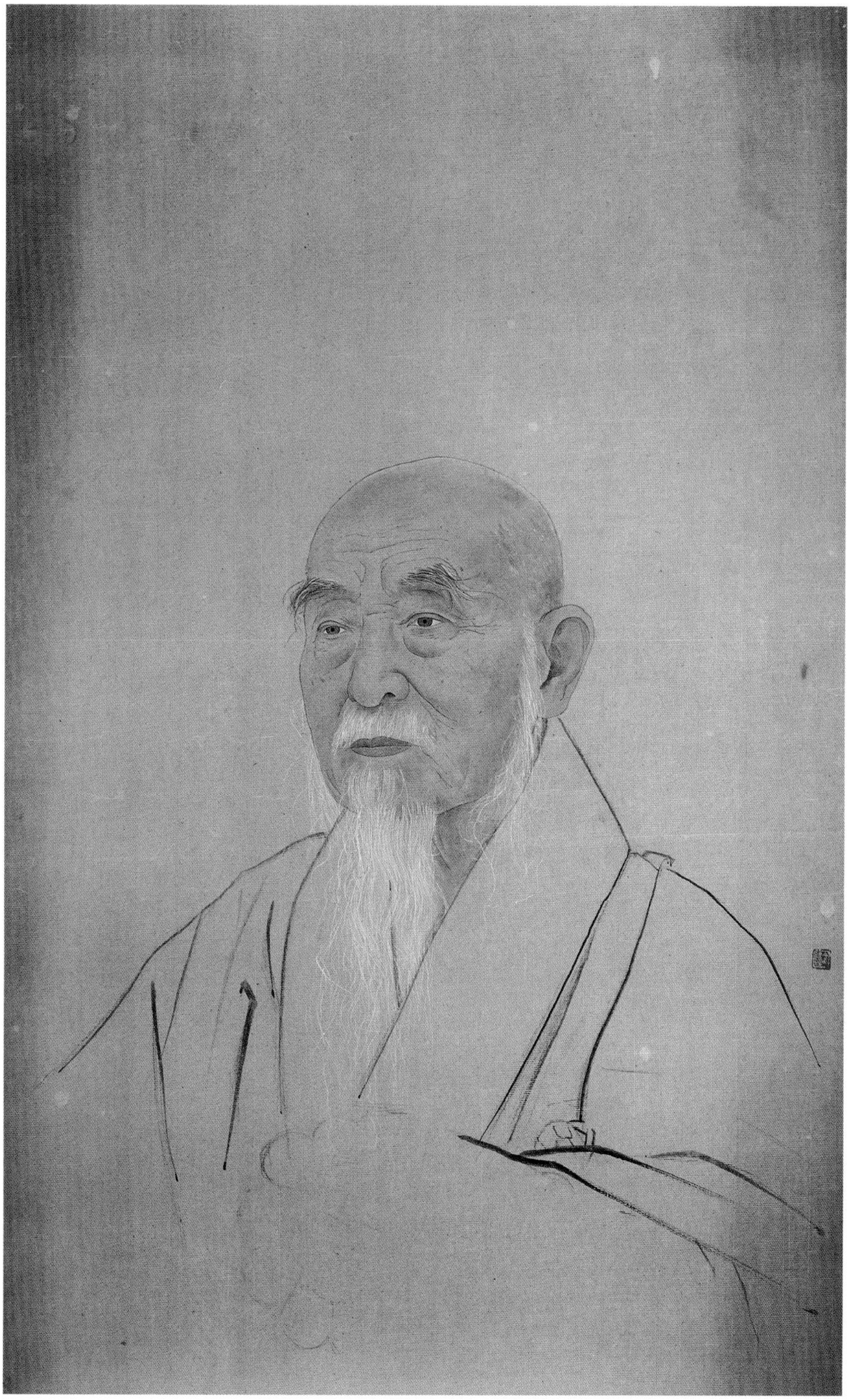

관응 스님, 100×62cm, 종이에 수묵 채색, 1995

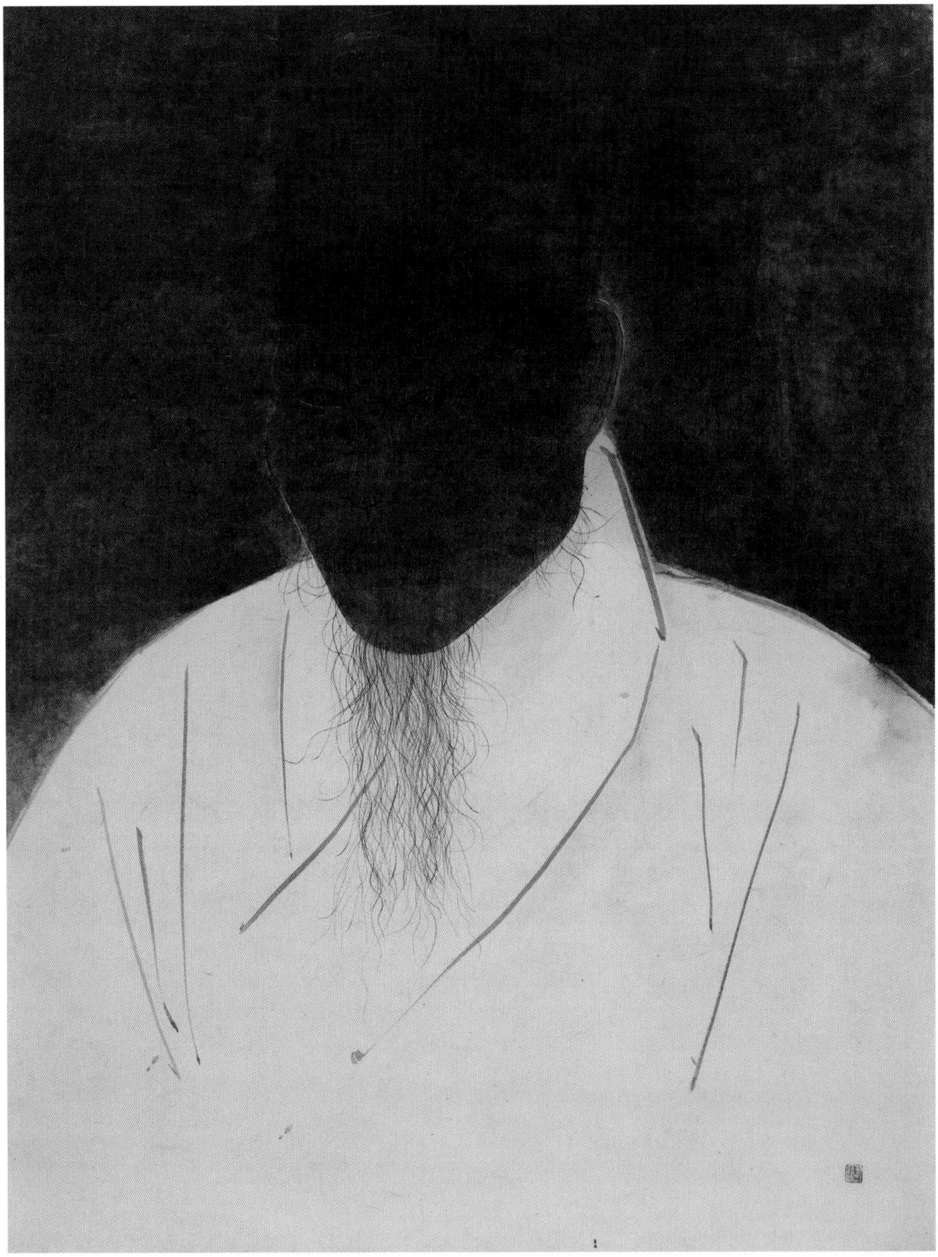

거꾸로 흐르는 강, 97×74cm, 종이에 수묵 채색, 2017

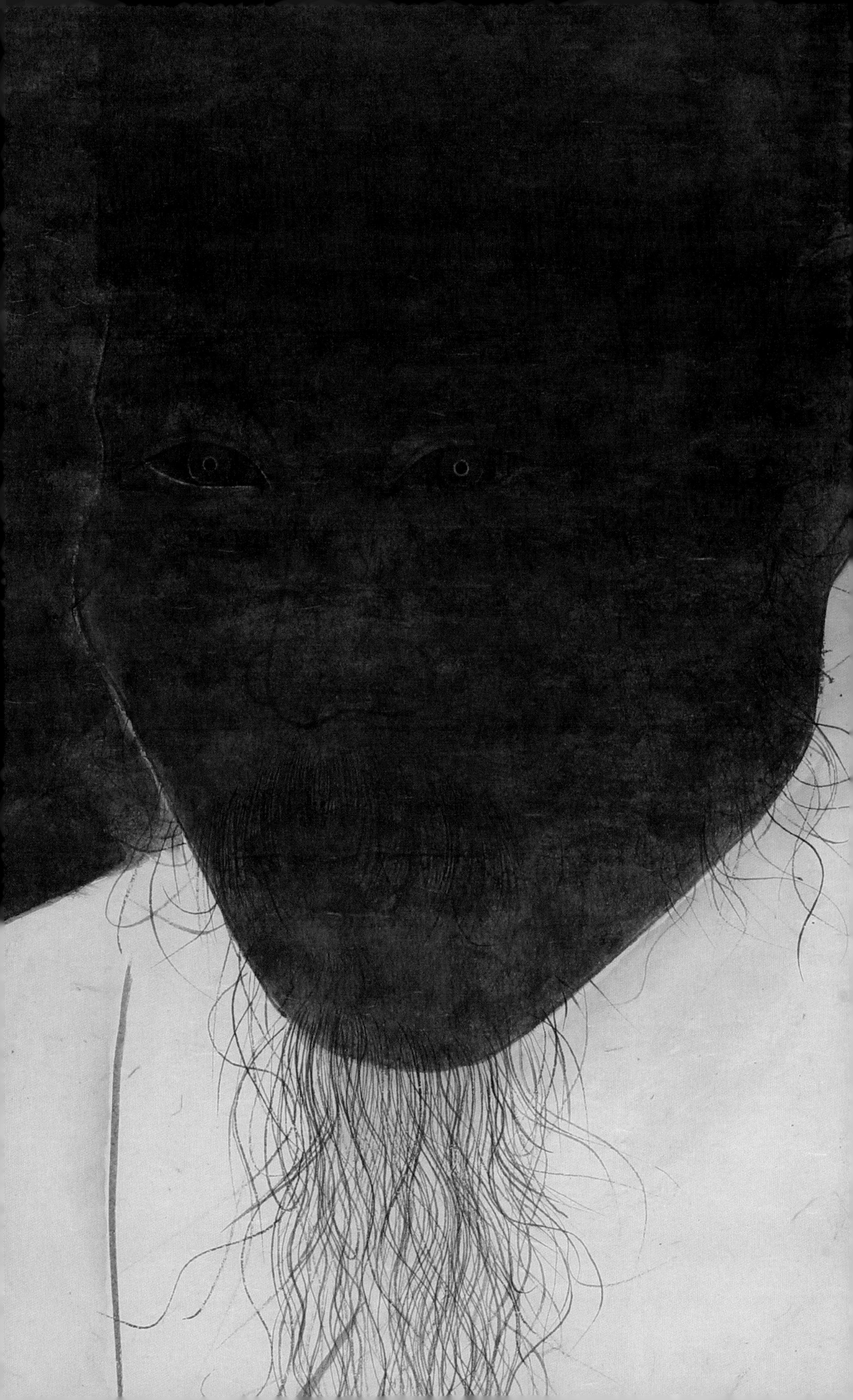

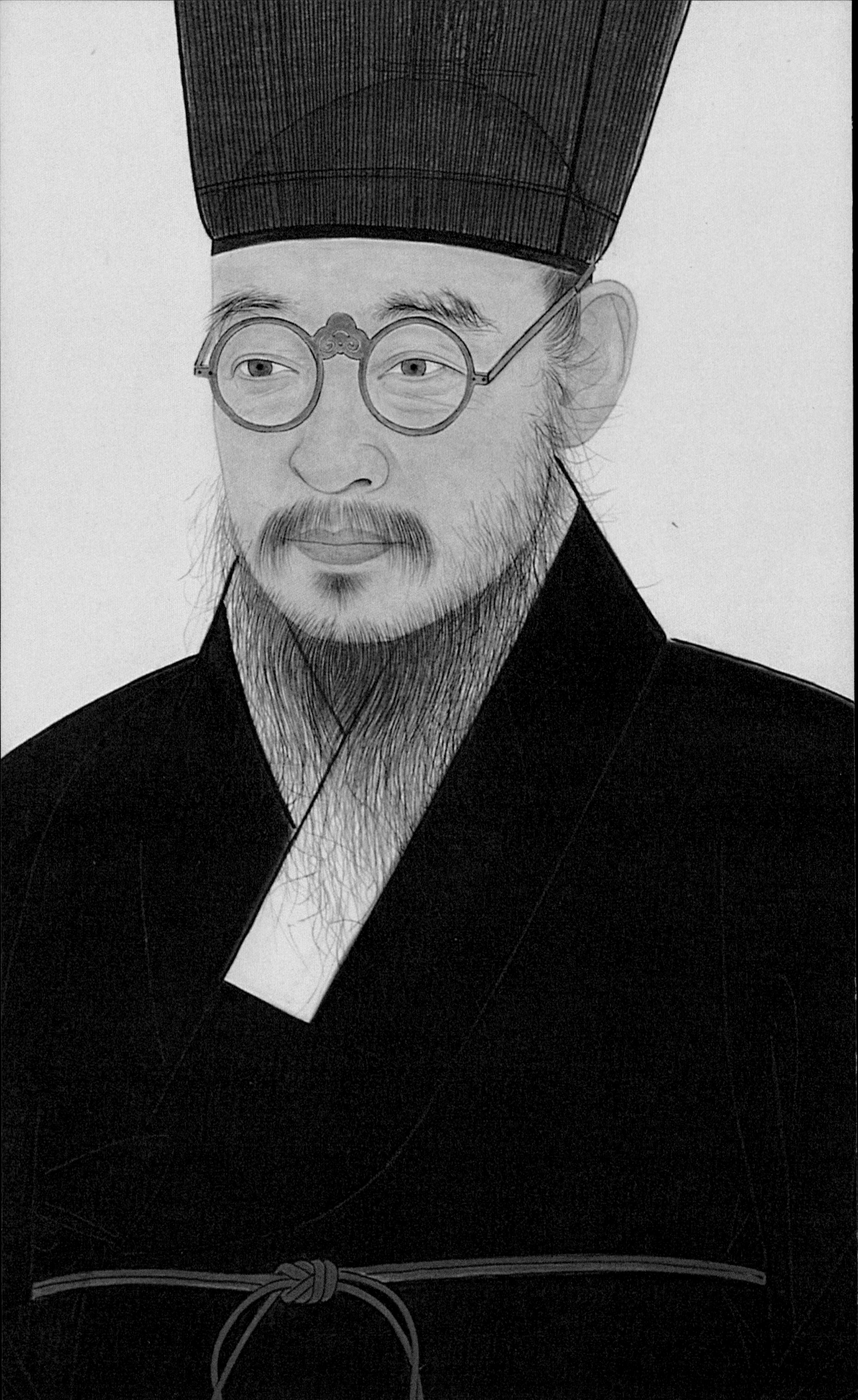

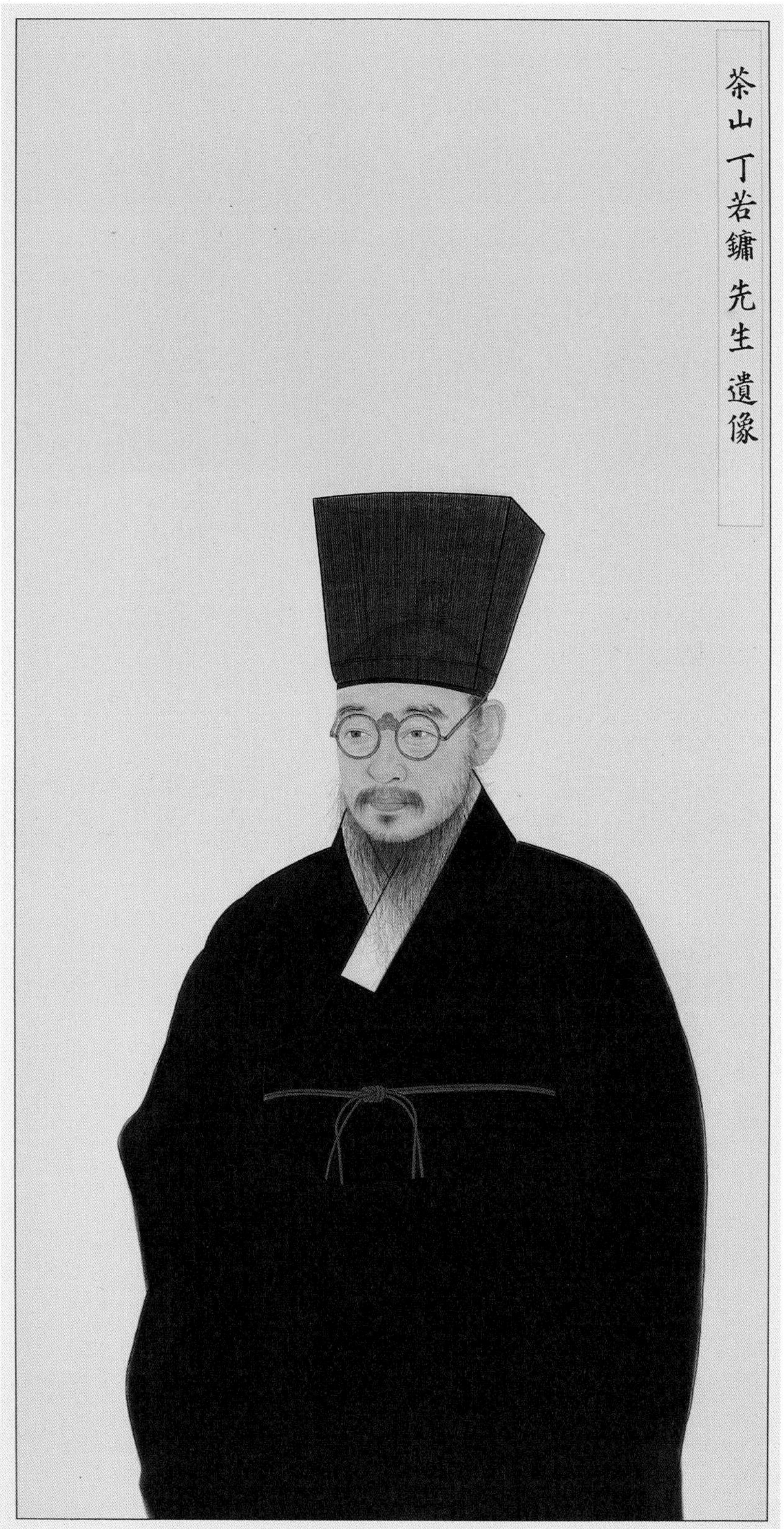

정약용, 178×96cm, 종이에 수묵 채색, 2009

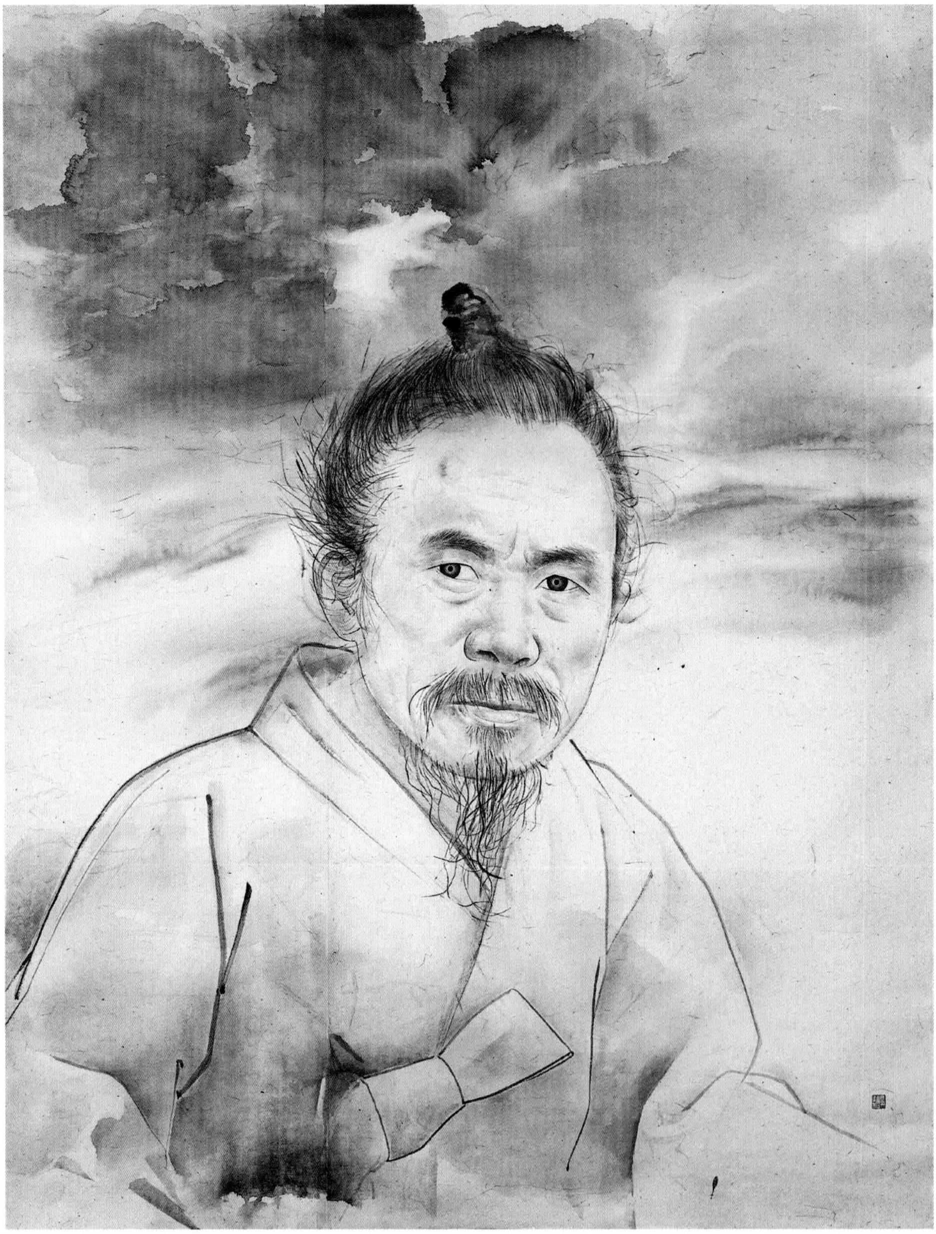

전봉준, 188x147cm, 종이에 수묵 채색, 1995

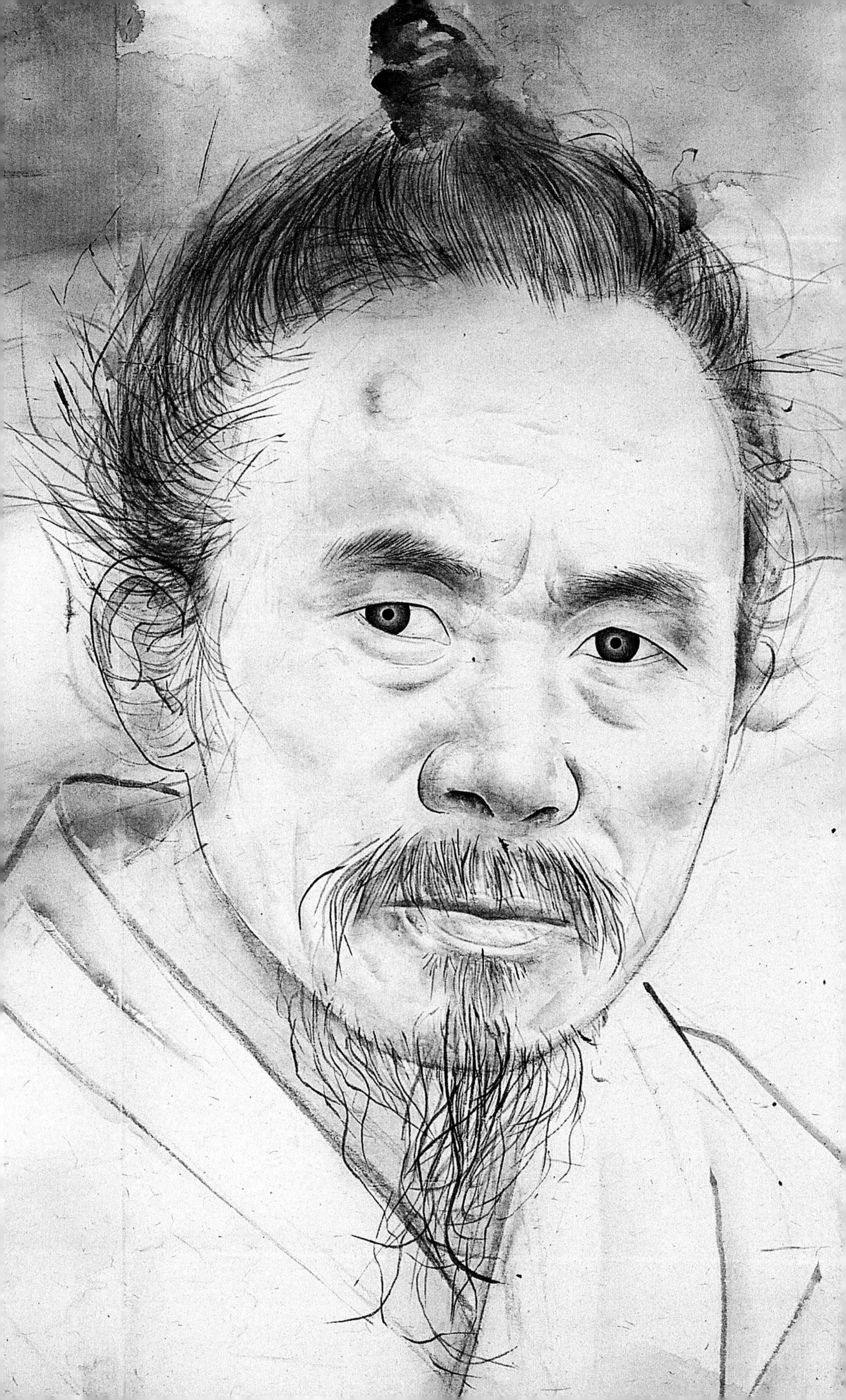

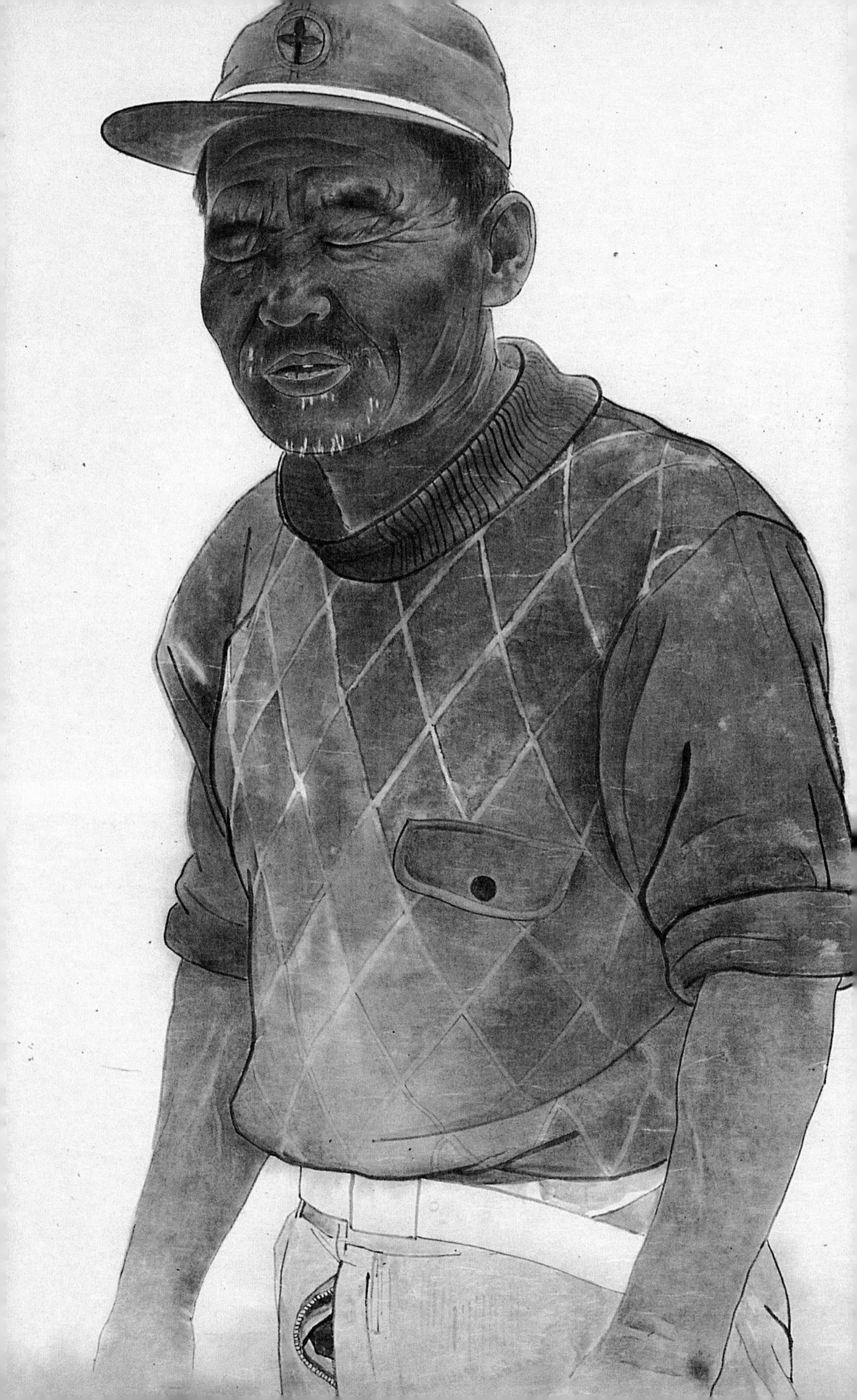

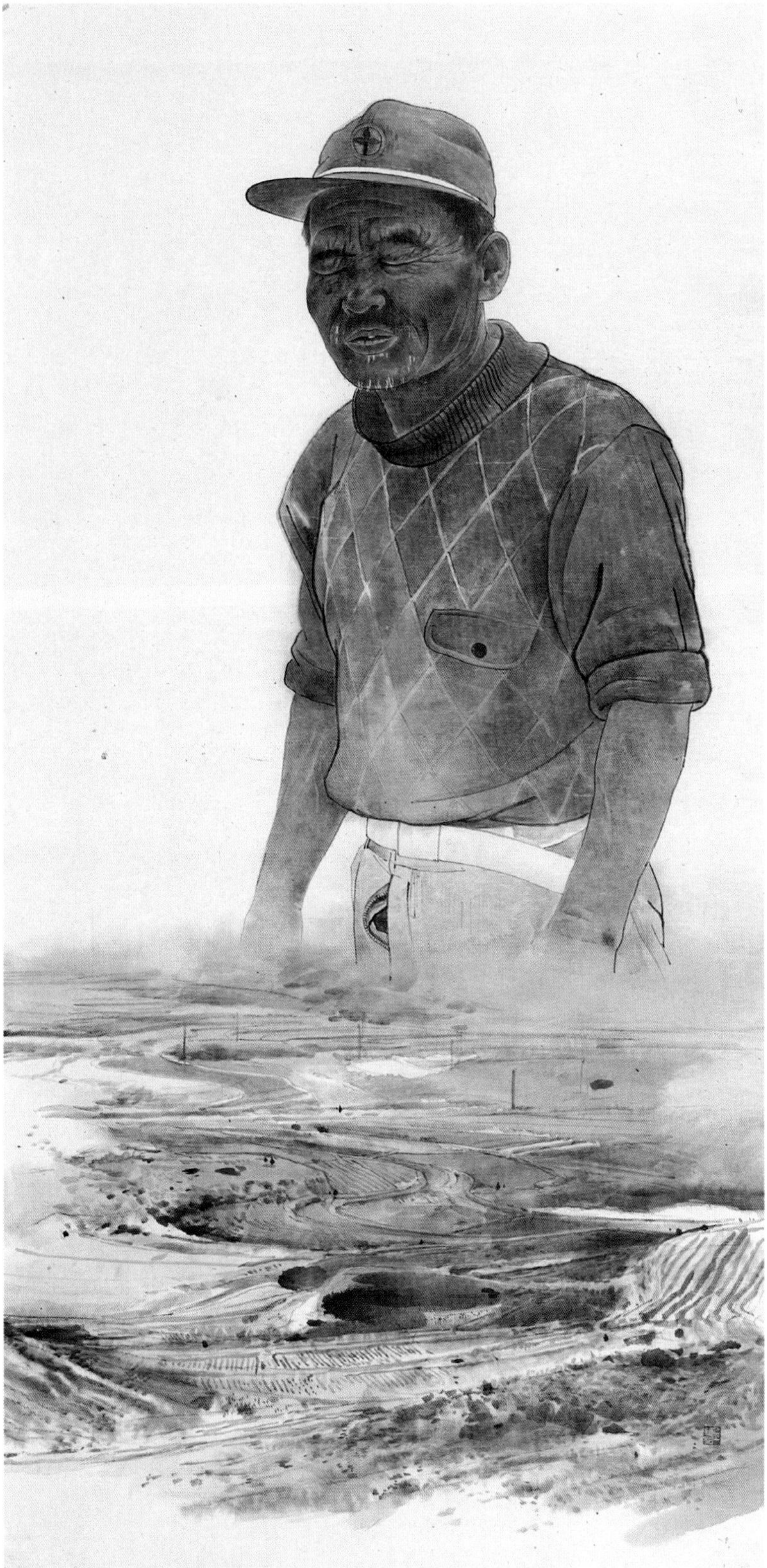

농부 김씨, 182x91cm, 종이에 수묵 채색, 1991

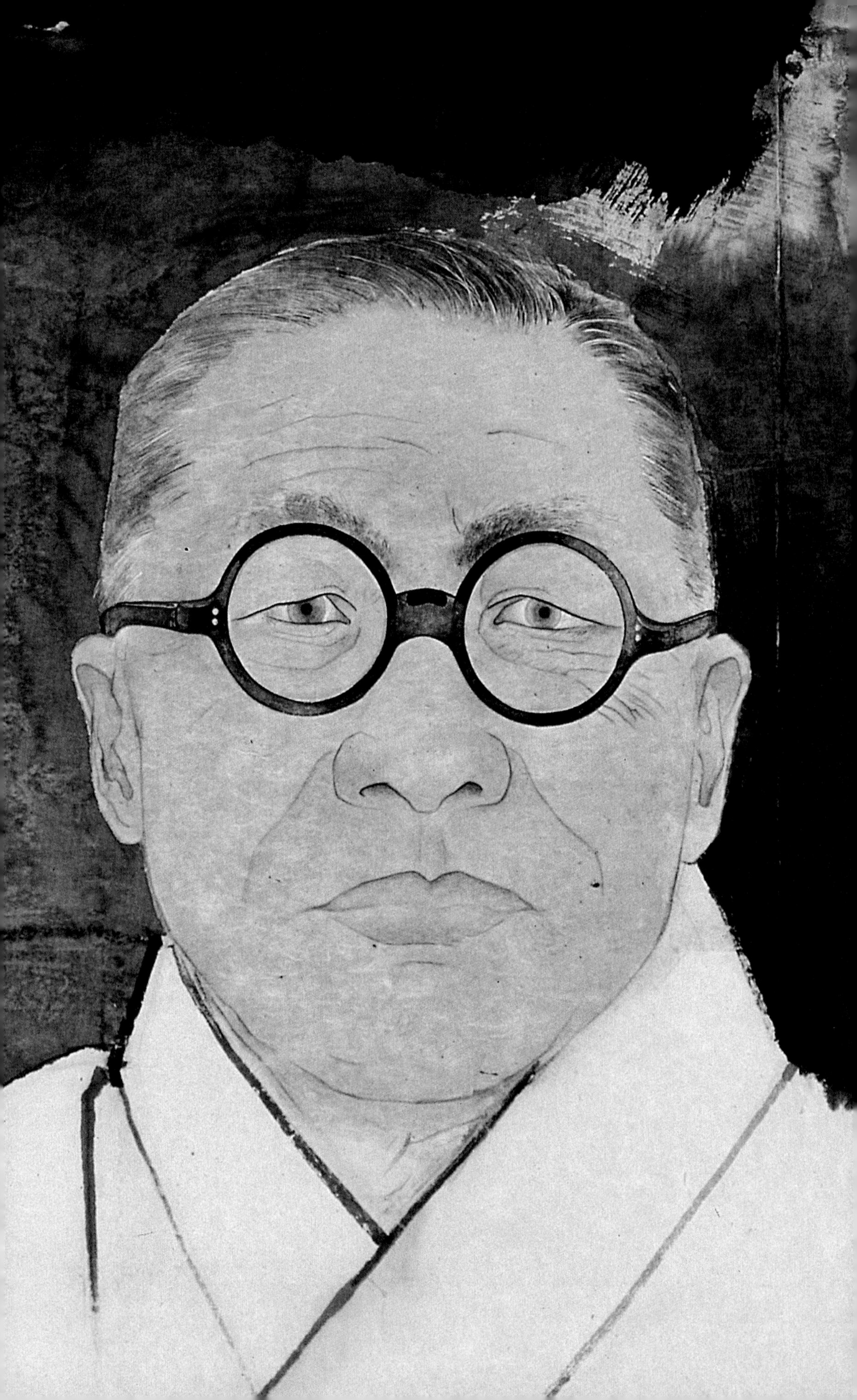

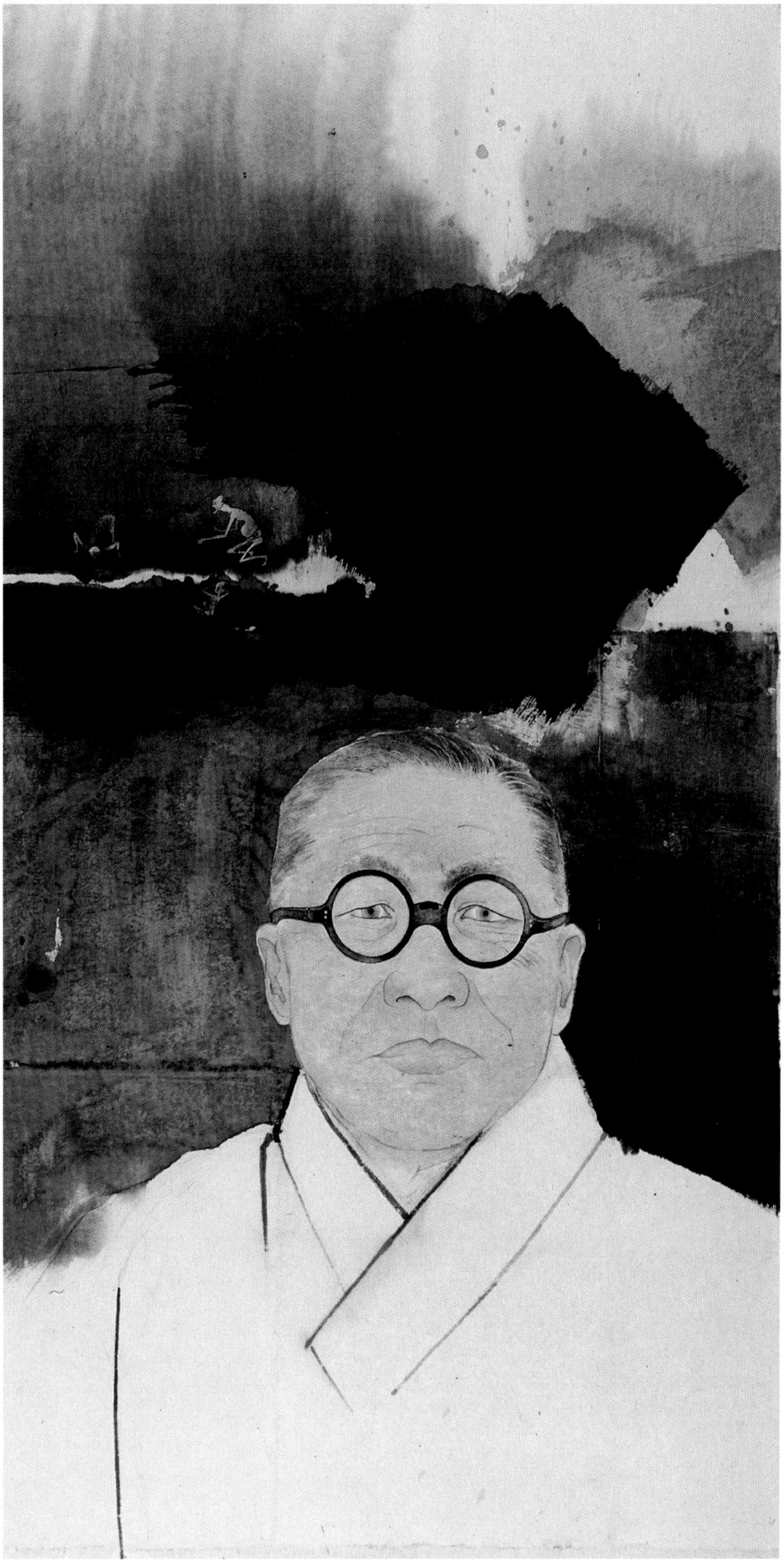

백범 김구, 240x120cm, 종이에 수묵 채색, 1988

이 그림 하나의
화론

사유의 경련

그리고 엮은이 김호석 | **글** 정근식 외 | **발행인** 김윤태 | **발행처** 도서출판 선 | **편집 · 교정** 김창현 | **북디자인** 디자인이즈
등록번호 제15-201 | **등록일자** 1995년 3월 27일 | **초판 1쇄 발행** 2021년 8월 10일
주소 서울시 종로구 삼일대로 30길 23 비즈웰 427호 | **전화** 02-762-3335 | **전송** 02-762-3371

값 25,000원
ISBN 978-89-6312-604-3 03600